왜 일본에
사무라이가
등장했을까?

23
역사공화국
세계사법정

교과서 속 역사 이야기, 법정에 서다

고시라카와 천황 vs
미나모토 요리토모 장군

왜 일본에 사무라이가 등장했을까?

글 나행주 · 그림 조환철

㈜자음과모음

한국과 일본을 이야기할 때 여전히 '가장 가깝고도 먼 나라', '가장 비슷하면서 다른 나라'라는 표현만큼 적절한 말도 없지 않나 생각합니다. 우리나라 동쪽에 있는 지리적으로 가장 가까운 나라. 우리가 흔히 대마도(對馬島)라 부르는 일본의 쓰시마 섬은 부산과 워낙 가까워 화창한 날에는 서로 볼 수 있을 정도입니다. 직선으로 50킬로 남짓이어서 시속 100킬로로 달리면 불과 30분 거리지요. 그야말로 양국은 '동해'라는 옷과 이불을 함께 걸친 일의대수(一衣帶水)의 나라입니다.

그러나 이렇게 가까운 지리적 거리와는 달리 감정적으로나 역사적 측면은 아직도 너무나 멀리 있습니다. 물론 그 원인은 2000여 년의 긴 역사 과정 속에서 생겨났겠지요. 특히 고려·조선 시대에 빈번히 약탈과 살상을 자행한 왜구, 두 차례에 걸친 도요토미 히데요시(豊臣秀吉)의 조선 침략, 일제의 식민지 지배와 수탈 등 '부(負)의 유산'을 오늘날도 그대로 계승하고 있기 때문이지요.

아울러 이런 거리감을 느끼게 하는 또 다른 요인은 일본인들의 '역사의식의 부재'라 할 수 있습니다. 즉 '동해'를 '일본해'라 주장하고, '독도'를 '다케시마'라 억지 쓰며, 36년간의 지배와 수탈을 한국의 근대화에 이바지했다고 망언(妄言)을 일삼는 우익 정치인들을 중심으로 하는 지배 계층과 보수 단체들의 편협하고 왜곡된 역사 인식도 크게 작용하고 있습니다.

중국을 중심으로 하는 동아시아 문화권을 구성하는 한국과 일본은 한자와 유교, 불교 그리고 율령이라는 공통 요소를 지녔고, 쌀과 젓가락의 문화도 공유하고 있습니다. 여기에 인종적으로 피부 색깔이 같은 황인종이라는 점을 넘어, 유전학적으로도 일본 열도의 사람들과 우리는 상당히 유사하다는 주장이 학계에서 강력하게 제기되고 있을 정도입니다. 그럼에도 불구하고 의식주와 같은 생활문화, 가치관, 사고방식, 생활 태도, 종교관에서 일본은 우리와는 참 많이 다르다는 느낌이 듭니다.

그럼 우리와 다른 일본만의 특징은 어떻게 만들어졌을까요? 물론 다양한 요소가 복합적으로 작용했겠지만, 그중에서도 특히 자연환경과 역사적 요인이 커다란 영향을 미쳤습니다.

자연환경적 특징으로는 열도, 즉 바다의 나라라는 점입니다. 4개의 주요 섬과 500여 개의 무인도를 포함한 6500개 이상의 크고 작은 섬으로 구성된 섬나라가 일본입니다.

자연재해와 기후 또한 무시할 수 없지요. 지진과 화산의 나라, 태풍, 지진 해일(쓰나미), 다설(多雪) 등 가히 '재해 왕국(?)'이라 할 수 있습니다. 또 습도가 높은 나라가 일본인데, 고온 다습한 여름 기후는 그야말로 살인적(?)입니다.

산이 발달되어 있고 더욱이 화산이 많은 나라, 일본. 지진대와 함께 조산대와 화산대가 많이 분포되어 우리나라와는 비교할 수 없을 만큼 산과 화산이 발달되어 있습니다. 특히 200여 개가 넘는 화산들은 대부분이 후지 산과 같은 휴화산이거나, 규슈 지역의 아소 산처럼 당장에라도 용암을 내뿜으며 폭발할 것 같은 활화산(80여 개)이랍니다.

역사적 요인으로는 천황과 무사(사무라이)를 들 수 있습니다. 천황은 4세기에 성립한 야마토(大和) 국가 이후 1200년경까지의 약 800년간에 걸친 고대, 1868년 메이지 유신(明治維新) 이후 1945년 패망까지 근대 일본의 명실상부한 최고 지배자, 그리고 1945년 이후 현재까지 일본국 헌법이 규정한 '상징 천황'으로 여전히 존재하고 있습니다.

무사·장군은 1192년 미나모토 요리토모(源賴朝)가 가마쿠라 막부를 창설해 권력을 차지한 이후 1336년 성립한 아시카가 다카우지(足利尊氏)의 무로마치 막부를 거쳐, 1600년 천하를 통일한 도쿠가와 이에야스(德川家康)가 1603년에 탄생시킨 에도 막부에 이르는 3대 막부가 700여 년간 일본의 실질적인 통치자이자 최고 지배자였습니다.

민족정신을 사무라이 정신이라 외치는 무사와 무사도의 나라. 서

왜 일본에 사무라이가 등장했을까?

기가 아닌 고유 연호를 지금까지 쓰고 있는 특이한 나라, 역성혁명이 한 번도 없는 나라, 같은 국호(國號)가 1300년 이상이나 지속되고 있는 나라는 어디일까요?

바로 이번 역사공화국 세계사법정에서 다룰 나라, '일본'입니다.

재판의 내용은 천황과 무사 정권의 최고 지배자인 장군(쇼군) 사이의 법정 공방입니다. 기원전 660년, 건국 이래 천손(天孫)으로 일본 역사의 유일한 주인임을 자처하는 천황가(天皇家)를 대표해, 고시라카와 천황이 자신에게서 정치권력을 빼앗아 간 이후 700여 년 동안 지속될 무사들의 시대를 처음으로 연, 가마쿠라 막부의 창시자 미나모토 요리토모 장군을 상대로 한 소송입니다. 천황에 대한 명예훼손과 반역, 그리고 일본 역사의 진정한 주인이 누구인지를 가려 달라는 내용의 '일본 역사의 진정한 주인 확인의 소(訴)'입니다.

일본의 역사는 우리와는 상당히 다른 과정을 거쳤고, 그로 인해 일본만의 독특한 문화적 특징을 지녔습니다. 그런 특징을 만드는 데 가장 중요한 요소가 된 것이 '천황과 무사'입니다. 따라서 이 두 존재가 역사 전개 과정이나 특징 형성에 어떤 역할을 했는지 직접 확인해 보시기 바랍니다. 아울러 이를 전제로 일본은 '천황의 나라!', 아니 '무사의 나라!'라는 양측의 주장에 현명한 여러분은 과연 누구의 손을 들어 줄 것인지, 배심원이 되어 함께 판단해 보시기 바랍니다.

나행주

차례

일본에서는 10세기 무렵부터 지방 영주들의 세력이 강해졌고, 무사들을 고용하여 다른 영주와 대립하기도 했다. 그리고 세력이 강한 자들은 무사 정권을 세워 일본을 통치하기도 했다.

중학교

역사

Ⅸ. 교류의 확대와 전통 사회의 발전
3. 명·청과 동아시아 전통 사회의 발전
(2) 무사가 일본을 지배하다

지방 호족을 중심으로 무사단이 형성되고 미나모토 요리토모가 쇼군이 되어 가마쿠라 막부가 세워졌다. 가마쿠라 막부는 쇼군이 부하 무사들을 지방에 파견한 일본 최초의 봉건 정권이라 할 수 있다.

고등학교

세계사

Ⅲ. 아시아 세계의 확대와 동서 교류
 1. 동아시아 세계의 형성과 확대
  (7) 동아시아의 변천
   〈일본〉

Ⅴ. 아시아 사회의 성숙
 2. 조선과 일본의 발전
  (2) 일본의 발전
   〈무가 정치의 변천〉

몽골 침입 이후 가마쿠라 막부가 멸망하고 무로마치 막부가 세워졌다. 이어 100여 년간 무사들이 다투는 전국 시대가 이어지게 된다.

원고 고시라카와(後白河) 천황(1127년~1192년)

나는 일본의 77대 천황이오. 30여 년에 걸쳐 무사들을
이용하여 조정의 정치를 잘 유지해 왔다고 믿었소만,
결국 미나모토와 다이라라는 두 마리 호랑이 새끼를
키운 꼴이 되었소. 다이라 정권과 가마쿠라 막부의 설
립을 눈뜨고 지켜보았으니 말이오. 나의 부덕으로 고
양이(미나모토·다이라)에게 생선가게(천황가)를 맡긴 꼴
이 되었소. 이 분하고 원통한 마음을 풀기 위해 기다
리고 기다리다 이제야 이 자리에 서게 되었다오.

원고 측 변호사 김딴지

나의 천직은 억울한 영혼을 달래 주는 거랍니다. 역
사상의 패자들, 억울하고 분한 사람이라면 그 누구라
도 좋습니다. 국적이나 신분을 가리지 않고 바로 제
가 언제나 함께하겠습니다. 이곳 영혼 세계에 억울한
영혼이 하나도 없는 그날까지, 그래서 이곳이 모든
영혼의 진정한 안식처가 될 수 있도록 말입니다.

원고 측 증인 **북면 무사(가상 인물)**

시골 출신으로 오직 무예와 충성심으로 천황의 호위 무사가 되어 출세한 사람이외다. 무사에게는 오직 충성만 있다고 믿고 있소. 천황과 국가에 오로지 충성!

증인 **미나모토 요시쓰네(源義經)**

피고의 이복동생입니다. 조실부모했으나 꿋꿋하게 자수성가하여 다이라 가문의 멸망과 막부 설립의 일등 공신이지요. 그러나 천황에 충성한 죄로 하나뿐인 혈육인 형에게 토사구팽 당하여 죽게 되었소. 비인간적인 형을 고발하려고 이 법정에 나왔소.

판사 **정역사**

아버지로부터 받은 이름 그대로 '올바른 역사'가 무엇인지 보여 드리겠습니다. 단지 역사가 살아남은 승자의 기록이 아니라, 피고(승자)에게도 원고(패자)에게도 모두 공명정대하게 그 공과를 밝혀 역사의 심판이 얼마나 엄중한지를 보여 주고, 후세인들에게 교훈이 되도록 하겠습니다.

피고 미나모토 요리토모(源賴朝) 장군 (1147년~1199년)

이 몸은 가마쿠라 막부 초대 장군이오. 헤이지의 난 이후에 이즈로 유배되었으나, 모치히토 왕의 지령을 받고 거병하여 다이라 정권을 물리쳤고, 관동에 가마쿠라 막부를 열어 막부가 일본국을 지키고 보호하는 체제를 구축하였소. 이후 700년간 이어진 무가 사회를 연 공로로 일본 역사를 움직인 12인의 인물로도 선정된 내가 왜 이 자리에 서야 하는지 영문을 모르겠소. 재판을 통해 나의 무고함을 꼭 보여 드리리다.

피고 측 변호사 이대로

나는 역사공화국에서 명변호사로 이름난 이대로입니다. 일본의 발전은 막부들의 든든한 정치로 그 발판을 마련했다고 믿습니다. 이번에도 그 진실을 제대로 밝혀 보겠습니다.

참고인 나친절 박사

일본 역사에 관한 거라면 뭐라도 좋으니 바로 이 사람에게 물어보시구려. 나, 나친절이 최고의 전문가이니 말이외다. 이 중요한 재판에 참여할 수 있어 기쁘기 그지없고, 도움이 될 수 있도록 최선을 다해 준비해 오도록 하겠소.

피고 측 증인 다이라 마사카도(平將門)

일본 역사상 최초의 역성혁명을 꿈꾼 선각자랍니다. 비록 삼일천하가 되고 말았소만, 무사의 정권 가능성을 보여 준 나요. 지금은 일본인들의 추앙을 받는 신이기도 하지요.

피고 측 증인 다이라 기요모리(平淸盛)

무사로서는 처음으로 공경이 되었고 최고 관직인 태정대신을 역임했소. 공가 정권(귀족 세력)을 대신해 무가 정권을 20년 동안 유지했소. 무사 중의 왕이라 할 수 있지요.

피고 측 증인 호조 요시토키(北條義時)

가마쿠라 막부 3대에 걸친 미나모토 장군의 단절 이후, 실질적인 막부의 지배자인 싯켄(執權, 집권)을 역임했소. 1221년, 한마디로 주제(현실) 파악을 못하고 막부를 타도하려 군사를 동원했던 고토바 천황을 눌러 천황을 막부 아래에 둔 몸이라오.

"무력으로 빼앗긴
천황의 명예를 회복하고 싶소"

여기는 영혼들이 모여 사는 역사공화국. 일본인 출신 우키다(宇喜 多) 변호사 사무실.

지난 한국사법정 재판 번호 05 〈왜 백제의 칠지도가 일본에 있을 까?〉 소송에서 패한 이후, 찾아오는 이의 발걸음이 뚝 끊겼다. 소송 의뢰인의 방문은 고사하고, 하루 종일 전화도 울리지 않고 그 흔한 잡상인도 찾아오지 않았다. 그럼에도 일본인 특유의 타고난 근면함 탓인지, 오늘도 아침 일찍부터 사무실에 출근하여 사건 의뢰를 기다 리다 잠시 길거리의 행인들을 내려다보며 무료함을 달래고 있었다.

그런데 한눈에 보기에도 고급스러운 승용차 한 대가 건물 앞 주차 장으로 들어섰다. 안경을 고쳐 쓰고 유심히 살펴보니, 숫자로 된 번 호판은 보이지 않고 대신 황금색 국화 문양을 단 승용차가 서서히

멈추고 있었다. 순간 우키다 변호사는 갑자기 마음이 요동 치기 시작했다.

"저 황금빛 국화꽃 문양은……. 천황가의 상징인 **가문**(家紋)! 혹시 천황……. 폐하께서 이곳까지?"

자신도 모르게 우키다 변호사의 입에서 흘러나온 말이다.

일본인이라면 누구라도 저 차가 일본 역사의 영원한 주인인 천황의 차라는 사실을 모를 리 없기 때문이다. 천황이 이런 누추한 곳까지 직접 왔다고 생각하니, 우키다 변호사는 갑자기 흥분과 긴장으로 몸을 주체할 수 없었다.

우키다 변호사는 서둘러 찬물을 한 잔 벌컥 들이켜고 마음을 진정시키며 급히 계단을 뛰어 내려갔다. 내려가자마자 차를 향해 엎드려 인사를 하고 있는데, 차에서 누군가가 천천히 나오더니 물었다.

"당신은 누구시오?"

차마 얼굴을 들지 못하고 그냥 바닥에 엎드린 채, "지, 저는……. 우키다 변호사라고 합니다. 이 누추한 곳까지 폐하께서 어찌……."

"아, 그렇소. 당신이 우키다 변호사요? 마침 잘됐소이다. 그리고 어서 일어나시오. 나는 폐하가 아니라 시종관이라오."

"그런데 어인 일로 이곳까지……."

"당신에게 부탁할 일이 있어 왔소이다."

"부탁하실 일이라니요?"

우키다 변호사가 일어서며 넌지시 고개를 돌려 차를 살펴보니, 뒤편 좌석에 앉아 있는 주인공이 창문 너머로 가볍게 손을 들어 보였

가문
한 집안의 계보나 권위 따위를 상징하는 표지로 정한 문장(紋章)을 말합니다.

야마토

야마토는 현재 일본에서 다수를 차지하고 있는 민족을 이르는 말로 일본에서 4세기에 존재했던 야마토 시대에서 따왔습니다. 일본을 뜻하는 다른 이름으로도 쓰이지요.

다. 바로 천황의 모습이었다.

"여기서 이럴 것이 아니라, 누추하나마 잠시 들어가시지요."

"아니오. 폐하께서 기다리시니 용건만 이야기하겠소. 실은 폐하께서 지난 한국사법정에서 있었던 재판을 관심 있게 보셨소. 바로 우리 **야마토(大和)** 민족의 명예가 걸린 재판 말이외다."

"그 재판을 폐하께서 직접 보셨단 말씀입니까?"

왜 일본에 사무라이가 등장했을까?

"그렇소. 당신이 지난 한국사법정의 '칠지도'를 둘러싼 재판에서 야마토인의 명예를 위해 고군분투한 데 대해, 비록 결과는 좋지 않았어도 그 노력을 가상히 여기셨소."

"죄송합니다. 좋은 모습을 보여 드리지 못해."

"폐하께서 다시 한 번 당신에게 명예를 회복할 기회를 주라고 하셨소. 그래서 사건을 하나 의뢰하려 하는 것이오."

"사건이라면, 어떤 사건을……."

"한마디로 천황의 권위에 도전해 무력으로 권력을 빼앗아 간 장군을 상대로 한 거라오."

"장군이라면, 가마쿠라 막부의 미나모토 장군, 무로마치 막부의 아시카가 장군, 그리고 에도 막부의 도쿠가와 장군을 말씀하시는 건가요?"

"아니요. 이번에는 미나모토 장군만을 상대로 하오. 다른 장군들은 추후에 소송 여부를 검토할 예정이라오."

"그러시군요. 그런데 대단히 황송한 말씀입니다만, 저는 좀……."

"왜 그러시오. 무슨 문제라도 있소?"

"저는 주로 한국사법정에서 활동하고 있어서……."

"그게 무슨 문제가 된다는 말이오."

"이번 재판은 사안의 성격상 세계사법정에서 다루는데, 세계사법정은 배심원이 한국인 출신들로 구성됩니다. 또 한국이 점차 세계 대중문화의 새로운 트렌드가 되고, 한글이 그 우수성을 인정받아 다른 민족의 공식 문자가 되고 있어서, 한국어가 이제는 역사공화국 한국사법정뿐만 아니라 세계사법정의 공용어 역할도 하고 있습니다. 한국어를 잘하는 변호사가 배심원을 설득하는 것이 더 유리할 것입니다."

"그런가요? 우리가 그저 옛날 생각만 하고 있는 사이에 한국의 위상이 그렇게나 변했단 말이오. 참으로 격세지감이구려."

"그렇습니다. 재판에서 이기기 위해서는 요즘 이름을 날리고 있는 김 변호사에게 부탁하는 게 좋을 것 같습니다."

"김 변호사라면 누구를 말하는 것이오?"

"한국인 김딴지 변호사입니다. 제가 소개해 드리도록 하겠습니다."

"그렇지만 김 변호사에게만 맡겨 둬도 되겠소?"

"아, 물론 저도 최근에는 들어오는 일이 별로, 아니 거의 없어 지금은 개점 휴업 상태라 재판 기간 동안 김딴지 변호사를 돕겠습니다. 꼭 승리해 '일본은 천황의 나라'임을 증명하겠습니다."

"그래도 한국인이라면 천황에 대한 거부감이나 편견이……."

"그 점은 염려 마십시오. 한국인 특유의 천황(일본)에 대한 오해나 편견이 없도록 제가 미리 김딴지 변호사에게 천황을 중심으로 하는 일본 역사에 대해 철저히 공부, 아니 세뇌시키겠습니다."

"그렇다면 안심이구려. 그럼 김딴지 변호사 건은 잘 부탁하오. 아무튼 두 사람이 합심하여 잘 준비해 주길 바라오. 꼭 승소할 수 있도록 말이오."

"제게 맡겨 주십시오. '잇쇼켄메이(一所懸命, 목숨 걸고 열심히)' 하겠습니다."

"알겠소. 당신만 믿고 가겠소."

"그럼 나중에 김딴지 변호사와 함께 법정에서 뵙겠습니다."

일본의 상징적 존재, 천황

이웃나라 일본에는 독특한 사회 구조인 '천황제'가 있습니다. 천황은 일본 황실의 대표로, 다른 나라에서는 유례를 찾아볼 수 없는 독특한 일본만의 것입니다. 천황은 중국의 천자와도 비슷하지만, 현재까지 유지하고 있다는 점이 확연히 다른 점으로 구분되지요. 나라 시대 이전에는 천황이라는 칭호가 없어 오키미(大君)라고 불렀으며, 대외적으로는 왜왕(倭王), 왜국왕(倭國王), 대왜왕(大倭王) 등으로 칭했다고 합니다.

그렇다면 천황은 언제부터 있었던 것일까요? 예로부터 전해 오는 일본의 신화(『고사기』와 『일본서기』)에 따르면 태양신의 후손인 진무(神武) 천황이 기원전 660년 야마토 지방에 나라를 세우고 처음으로 천황이 되었다고 합니다. 이렇게 시작된 천황은 그 뒤로도 오랜 세월 이어지고 있습니다.

천황의 역할도 세월이 지나면서 많은 변화를 겪게 됩니다. 원래는 정치적인 지배자로 군림했지만, 무사 정권이 등장하면서 실질적인 정치 지배력을 상실하게 되었지요. 특히 가마쿠라 막부 수립 이후부터 천황은 존재하나 실질적인 권력을 휘두를 수 없었습니다. 막부의 견제와 감시를 받았기 때문입니다.

그렇다면 막부는 왜 천황을 그대로 유지시켰을까요? 그건 표면적으로는 백성들에게 충성과 복종을 자연스럽게 요구할 수 있는 천황의 권위가 필요했기 때문입니다. 천황으로부터 권위를 인정받은 막부의 우두머리 쇼군(將軍)이 통치권을 위임받아 정치의 전면에 나서는 것이 효과적이라고 여긴 것이지요.

천황기(천황 집안의 문양)

원고 │ 고시라카와 천황	대리인 │ 김딴지 변호사
피고 │ 미나모토 요리토모 장군	대리인 │ 이대로 변호사

청구 내용

우리 천황가는 이 세상을 비추는 태양신 아마테라스오미카미(天照大神)의 후손이 일본 열도에 천손강림한 후, 기원전 660년에 나라를 세우고 그 초대 천황으로 진무 천황이 즉위한 이래로 현재의 125대 헤이세이(平成) 천황에 이르기까지 약 2700년이라는 유구한 세월 동안 천황의 지위를 '만세일계(萬世一系)'(대일본제국헌법 제1조)로 누려 오고 있습니다.

그런데 77대 천황에 오르게 된 나의 불찰로 그만 권력을 한낱 충견에 지나지 않던 무사들에게 넘겨주고 말았습니다. 그런 까닭에 조상님과 후손들에게 죄송하고 면목이 없어 700년 동안 차마 고개도 들지 못한 채 오직 죄인의 심정으로 오늘 이 시간까지 지내 왔습니다.

돌이켜 보면, 내가 불충한 자들에게 권력을 찬탈당한 후, 후손인 고토바(後鳥羽) 천황이 1221년에 권력을 되찾고자 했으나 실패, 이후 또 1333년에 고다이고(後醍醐) 천황이 아시카가 다카우지라는 무사를 이용해 가마쿠라 막부를 멸망시킨 후 건무신정(建武新政)을 통해 천황 권력을 회복하려 시도했으나 결국 실패, 그로 인해 천황가가 둘로 갈라지는 아픔을 겪는 등 다시 수많은 간난(艱難)의 세월을 보냈고, 에도 시대에는 '금중병공가제법도'까지 만들어 우리 천황가의 일거수일투족을 규제하고 옥죄는 수모마저도 감당해야 했습니다. 이 치욕과 모욕을 어찌 말로 다 할 수 있으며, 어찌 꿈엔들 잊을 수 있었겠습니까!

그 오랜 세월을 쥐구멍에라도 들어가고 싶은 심정으로 숨죽이며 살며, 오로지 후손 중 누구라도 하루빨리 잃어버린 천황가의 권력과 권위를 회복시켜 주길 학수고대했습니다. 고맙게도 무쓰히토(睦仁, 메이지 천황)라는 후손이 늦게나마 그 소원을 풀어 주었답니다.

이에 신하임에도 감히 나와 천황가의 명예를 무참히 짓밟아 버린 가마쿠라 막부의 장군에게 소송을 제기해 일본 역사의 진정한 주인이 누구인지를 가려 늦게나마 나의 명예를 회복하고, 아울러 피고에게 반역 당시 엄연히 존재하던 법과 질서를 무시한 죄도 함께 묻고 싶습니다.

무엇보다도 이번 소송을 통해 '일본은 영원한 천황의 나라'라는 점을 분명히 확인함으로써 역사상 다시는 이런 일이 없도록 하고 싶습니다.

입증 자료

- 고등학교 세계사 교과서 『일본서기』『고사기』
- 대보율령 대일본제국 헌법 일본국 헌법 등
  그 외 자료 추후 제출하겠음.

위 청구인 고시라카와 천황
역사공화국 세계사법정 귀중

사무라이는 어떻게 생겨나게 되었을까?

1. 장원의 발생과 무사의 출현
2. 지방 반란과 무사의 활약

교과 연계

세계사
III. 아시아 세계의 확대와 동서 교류
  1. 동아시아 세계의 형성과 확대
    (7) 동아시아의 변천
      〈일본〉

장원의 발생과
무사의 출현

오늘은 드디어 영혼 세계 역사공화국 세계사법정이 열리는 날. '세계 역사 동호회' 멤버로 활동하면서 아직도 '열공' 중인 두 젊은이가 법정으로 향하면서 이야기를 주고받았다.

"오늘 재판은 한국의 이웃나라인 '일본'이 배경이라면서?"

"그래, 오늘은 일본 역사와 관련된 재판이야. 일본 정계에서 영향력이 큰 '막후 장군'이라고 불리는 정치인과 얽힌 이야기래."

"뭐, '장군'이라고?"

"일본에서는 흔히 '막강한 힘을 발휘하는 사람'을 말할 때 '암(暗) 장군', '비구니(比丘尼) 장군'처럼 '~장군'이라는 말을 자주 써. 한마디로 막강한 힘을 가진 최고 실력자라는 의미야."

"그렇구나. 벌써 궁금해지는데!"

재판정 앞은 일본 역사를 대표하는 두 주인공, '천황(텐노)과 장군(쇼군)!'을 직접 보러 온 사람들로 북적거렸다. 한쪽에서는 '천황 폐하 만세!'라는 휘장이 날리고 있었고, 또 한쪽에서는 ▶'야마토(일본) 정신＝사무라이 정신!'이라는 휘장이 펄럭이고 있었다.

역사공화국 세계사법정 23호실 안. 두 주인공 고시라카와 천황과 미나모토 요리토모 장군이 변호사들과 함께 입장했다. 순간 법정 안에 긴장감이 돌면서 방청석의 일본인들이 일제히 자리에서 일어나 깊이 고개를 숙였다. 고개를 숙인 많은 방청객을 본 정역사 판사는 숙연한 법정 분위기에 짐짓 놀란 듯 마른 침을 삼킨 후 위엄 있는 목소리로 입을 열었다.

판사 자! 이제 모두 자리에 앉아 주시길 바랍니다. 지금부터 본 재판을 시작하겠습니다. 먼저 이번 소송을 청구한 원고 측 변호인이 소송 이유를 설명해 주시지요.

김딴지 변호사 예. 모든 일은 그 과정도 중요하지만 '끝이 좋으면 다 좋다', '유종의 미'라는 말처럼, 또 '**와신상담**'의 부차와 구천, '**사면초가**'가 유래된 항우와 유방처럼 결국 최후의 승자가 모든 걸 말하는 거 아니겠어요. 한마디로 역사는 마지막에 웃는 승자의 것이죠.

일본 역사가 시작된 이래 역사의 중심에 언제나 천황

쇼군
1192년에서 1868년까지 일본을 통치한 정부를 막부라고 하는데, 쇼군은 이 막부의 우두머리를 말합니다. 당시 천황은 상징적인 존재가 되고 쇼군이 실질적인 통치권을 가졌지요.

사무라이
일본 봉건 시대의 무사를 가리키는 말입니다.

와신상담
불편한 나뭇가지 위에 몸을 눕히고 쓸개를 맛본다는 뜻으로, 원수를 갚거나 마음먹은 일을 이루기 위하여 온갖 어려움과 괴로움을 참고 견디는 것을 비유적으로 이르는 말입니다.

사면초가
사면이 초나라의 노래라는 말로, 아무에게도 도움을 받지 못하는 외롭고 곤란한 상황을 가리킵니다.

교과서에는

▶ 일본은 3세기에 야마타이국의 여왕이 최초의 왜왕이 되었고, 지금의 나라 현인 야마토 지방의 호족들을 중심으로 야마토 정권이 수립되었다. 야마토 정권은 일본 열도의 통일을 추진하였다.

황거
일본 천황이 거주하는 궁으로 400여 년 전에 세워졌지요. 원래 이곳은 에도 시대의 역대 장군들이 살던 곳인 에도 성(江戶城)인데, 약 130년 전부터 일왕이 살기 시작했지요. 그 규모는 무려 30만 평 정도로 여의도 면적의 수배에 해당합니다.

찬탈
왕위나 국가의 주권 따위를 억지로 빼앗는 것을 말합니다.

쿠데타
무력으로 정권을 빼앗는 일을 말하지요.

이 있었지요. 수도 도쿄(東京) 한복판에 자리 잡은 **황거**에 125대 아키히토(明仁) 천황, 즉 헤이세이(平成) 천황이 지금도 엄연히 존재하고 있습니다.

다만 안타깝게도 가마쿠라 시대부터 에도 시대까지 약 700여 년 동안, 피고인 장군을 중심으로 한 무사(사무라이)들에게 그만 권력을 **찬탈**당하고 말았습니다. 이는 천황에 대한 중대한 반역이고 **쿠데타**입니다. 그 죄를 엄중히 물어야 할 것입니다.

무사들은 힘만으로 1000년 이상 지속된 전통적 가치와 정통성을 한순간에 무시했습니다. 힘이 지배하고 폭력이 정당화되는 시대가 찾아온 것입니다. 이런 사회가 바로 무력으로 권력을 차지한 무사들의 시대이며, 그 단서를 연 장본인이 오늘의 피고, 미나모토 장군입니다. 존경하는 판사님, 그리고 현명하신 배심원 여러분! 피고에게 역사의 엄중함을 깨우칠 수 있도록 법의 심판을 부탁드립니다.

판사   잘 들었습니다. 그럼 '천황과 장군'의 첫 번째 재판을 본격적으로 시작하겠습니다. 오늘은 먼저 권위 있는 역사학자를 한 분 모실까 합니다. 일본 역사에 대한 객관적인 설명을 들으면 이번 사건에 대한 이해를 돕고 일본 역사를 좀 더 알 수 있으리라 생각합니다. 일본 역사만큼은 자신에게 맡겨 달라는 그야말로 자타가 공인하는 나친절 박사를 참고인으로 부르겠습니다. 앞으로 나와 주세요.

판사의 말이 끝나자 나친절 박사가 천천히 한가운데로 나왔다.

판사 참고인, 간단한 자기소개를 부탁합니다.

나친절 박사 나는 나친절이라고 합니다. '천황과 장군'에 대한 재판에서 일본 역사에 관해 설명해 달라는 부탁을 받고 이 자리에 나왔습니다.

판사 먼저 박사님 소개를 들어 보겠습니다.

나친절 박사 나는 역사공화국에 오기 전에는 일본 와세다(早稻田)

경
수도를 가리키는 말입니다.

개간
거친 땅이나 버려 둔 땅을 일구어 논밭이나 쓸모 있는 땅으로 만드는 것을 일컫는 말입니다.

기진
물건이나 땅을 기부하는 것을 말합니다.

대학에서 일본 역사에 대해 수십 년간 연구했습니다. 와세다 대학은 근대 문명개화의 상징인 후쿠자와 유키치가 세운 게이오(慶應) 대학과 함께 양대 명문 사학이죠.

판사　네, 그럼 오늘 자세한 설명 부탁드리겠습니다. 우선, 원고와 피고의 관계를 이해하려면 무사들이 등장하게 된 시대적 배경, 특히 '장원'이라는 새로운 토지의 출현 과정을 알아야 할 것 같습니다. '장원과 무사'의 관계에 대해 말씀해 주시지요.

나친절 박사　그러면 나와 함께 사무라이(무사)들을 만나러 즐겁고 신비로운 일본 중세로의 여행을 떠나 보도록 하시지요. 고대의 주인공인 궁정 귀족들은 경(京)에서 비단옷을 입고 호화저택에 살며 궁중 의식과 연회로 세월을 보냈지요. 반면에 그들을 대신해 수도에서 멀리 떨어진 지방에서 긴 칼을 차고 활과 화살을 메고 말에 올라 부하들과 함께 전쟁터를 누비던 무사들이 영토를 넓히며 권력을 잡기 시작했습니다. 이 무사들이 새로운 시대의 주인공인데, 이들은 '장원'과 함께 나타납니다. '장원'은 '개인이 경작하는 대규모의 토지'를 말하는데, 그런 장원을 소유한 주인을 '장원 영주'라 부릅니다.

판사　그러면 장원은 언제, 어떤 모습으로 나타났나요?

나친절 박사　장원은 2단계 과정을 거치는데, 1단계가 '초기 장원', 2단계가 '후기 장원'입니다. 초기 장원은 경작지의 '개간'을 통해, 후기는 땅을 기부하는 '기진(寄進)' 형태로 나타나죠. '개간' 장원은 나라 시대(710~794)의 720년대에 생겨나 740년대 이후 본격화되었고,

'기진' 장원은 헤이안(平安) 시대(794~1192)의 10세기 후반에서 11세기를 거치면서 본격적으로 나타났죠.

판사 무사의 출현이 장원의 성립과 관련이 있다면, 1단계 장원이 나타나는 720년대부터 이미 무사가 출현한 건가요?

나친절 박사 아니, 그렇지 않습니다. 무사 출현과 관련된 장원은 10세기 이후에 본격화되는 후기 장원입니다. 따라서 무사도 10세기 정도에 등장했다고 할 수 있지요.

판사 그러면 초기 장원은 왜 나타났나요?

나친절 박사 초기 장원은 새로운 땅을 개척하는 개간을 통해 나타났는데, 720년대에 국가는 인구 증가로 더 많은 새로운 땅을 필요로 했지요. 이때의 땅은 모두 밭농사가 아닌 논농사, 즉 벼농사를 할 수 있는 수전(水田)을 말하지요.

판사　왜 그렇게 많은 땅이 필요한 건가요?

나친절 박사　고대 국가는 백성들에게 일정 규모의 땅을 나눠 줘야 하는데 이를 '반전제(班田制)' '반전법'이라 합니다. 보통 중국은 '정전제' '정전법', 한국은 '균전제' '균전법'이라 부르지요.

판사　그렇군요. 그럼 땅을 얼마나 주었나요?

나친절 박사　성인 남자 1명당 약 750평을 주도록 법에 정해져 있지요. 이렇게 농민의 생활 터전을 마련해 주고, 그 대가로 국가에 일정한 의무를 다하도록 했지요. 반드시 정해진 '세금'(이를 '조용조'라 함)을 내고 '군역'을 제공해야 했죠. 마치 오늘날 한국의 국민들이 마땅히 져야 하는 '납세'와 신성한 '국방의 의무' 같은 것이라 할 수 있지요.

판사　당시 인구를 감안하면 땅이 얼마나 필요했나요?

나친절 박사　720년 당시 전체 인구는 약 400만 명 정도였고, 성인 남자 1인당 750평의 '반전' 원칙에 따르면 적어도 '100만 정보(町步)'는 필요했지요. 그래서 거대한 '토지 개간 프로젝트'를 세웠는데, 이 프로젝트에는 큰 문제가 있었어요.

판사　아니, 국가는 프로젝트가 성공해 새로운 땅이 생기면 충분한 것 아닌가요?

나친절 박사　문제는 개간을 '국가'가 직접 관리하는 게 아니라는 거죠. 결국 힘 있는 귀족, 종교 세력(절, 신사) 등 '개인'에 맡겨 그들이 땅을 사유할 수 있는 빌미를 제공한 거지요. 이는 645년 '다이카 개신(大化改新)' 이래 지켜온 대원칙인 '공지공민(公地公民)'을 국가 스스로 저버린 것이니까요.

판사　아, 그렇군요. 법의 원칙이 흔들리게 된 거로군요. 법을 수호할 임무를 지닌 법조인으로서 충분히 공감이 됩니다. 국가의 근간이 무너지는 소리가 들리는 것 같군요.

나친절 박사　간단히 정리하면, 720년경에 인구의 증가로 점차 새로운 문제가 생겼는데, 국가가 아닌 개인이 사적으로 토지를 소유하는 '장원'이 발생한 거지요.

판사　박사님, 일본의 고대 국가는 701년 **다이호 율령(大寶律令)**으로 절정에 이르러 겨우 20년 만에 내리막을 향했네요.

나친절 박사　역사의 순리라고나 할까, 이제 내려갈 일만 남았지요. 하지만 스키 초보자들이 직활강해 내려오는 것처럼 곤두박질치지는 않았지요. 아직도 500년이라는 긴 시간이 더 필요하답니다. 1192년 무사 정권이 성립할 때까지는 말이에요.

판사　그렇군요. 그럼, 후기 '기진' 장원은 어떻게 나타났고, 무사와 어떤 관계가 있는지 말씀해 주시지요.

나친절 박사　우선 일반 농민이나 호족 또는 유력 농민층에 해당하는 소규모 장원 영주들이 어떻게 **국사(國司)**의 압박에 대처했는지를 알아야 합니다. 농민들은 예나 지금이나 힘이 없어 세금 수탈에 직접

다이카 개신
대화개신이라고도 하며, 7세기 중엽에 일본에서 중국의 율령제를 본떠 이루어진 정치 개혁을 말합니다. 왕을 중심으로 한 중앙집권적 정치 체제를 구축하기 위한 개혁이었지요.

공지공민
땅과 백성을 공공의 것으로 한다는 의미로, 토지와 인민을 모두 국유화한다는 의미로 이해할 수 있습니다.

다이호 율령
대보율령이라고 하며, 701년에 일본 몬무 천황이 공포한 법령입니다.

국사
나라 일을 하는 벼슬아치로 각지의 지방 장관을 말합니다.

원정기
1072~1086년까지 재위한 시라카와 천황은 어린 호리카와 천황에게 왕위를 물려준 다음, 상황(上皇)으로서의 권위를 이용하여 원정(院政)을 시작하였습니다. 이 시기를 원정기라고 부르지요.

상황
천황의 아버지를 말합니다.

후지와라 씨
일본 역사에서 가장 영향력 있는 씨족 및 귀족 가문입니다. 시조는 나카토미노 가마타리로 다이카 개신에서 활약한 공을 인정받아 천황에게 후지와라(藤原)라는 성을 받았지요.

항거하지 못했지요. 그들은 살기 위해 모든 걸 버리고 도망치거나, 아니면 힘 있는 장원에 의탁해 영주의 보호를 받으며 장원의 농사꾼으로 살아갈 수밖에 없었지요. 그런데 중소 규모의 장원을 가진 '장원 영주'는 자기 땅을 지키기 위해 두 가지 방법을 씁니다. 어떤 방법이 있었을까요?

판사 그야 자신이 스스로 지키거나, 아니면 남이 지켜 주는 것 아닌가요?

나친절 박사 역시 판사님이시군요.

판사 뭘, 그 정도 가지고요. 그저 평소 실력이지요.

나친절 박사 말씀하신 것처럼 '내 땅은 내 손으로!' 힘과 실력으로 자기 땅을 지키는 방법과 보다 힘 있는 세력에게 몸(땅)을 의탁해 지키는 방법이지요.

판사 그렇다면 후기 장원은 후자와, 무사의 발생은 전자와 관련이 되는 건가요?

나친절 박사 맞습니다. 후기 장원은 소규모의 장원 영주가 수령의 횡포와 수탈로부터 자신의 장원을 지키기 위해 수령보다 힘이 있는 지방의 유지나 중앙의 유력자에게 자신의 장원을 기탁하여 보호를 받는 겁니다. 후기 장원, 즉 기진 장원의 탄생이죠.

판사 그렇군요. 소규모 장원 영주들이 위로, 위로 더 힘 있는 보호자를 찾다 보니 중앙의 유력자에게까지 가는군요. 대표적인 유력자라면?

나친절 박사 당시는 원정기로 상황의 측근들, 천황가 사람들, 후지와라 씨 같은 귀족들, 종교 세력이 유력했죠. 마치 이집트 파라오의 무덤인 피라미드처럼 전국의 모든 장원이 중앙의 특정 세력에 집중되는 현상이 나타나게 되었죠.

판사 결국 국가의 모든 땅을 개인이 소유한다는 것인데, 이는 아주 심각한 문제 아닌가요?

나친절 박사 그렇습니다. 이 기진을 통한 장원은 전기 장원과는 모습이 전혀 달라요. 장원의 규모와 범위가 비교가 안 될 정도로 전국적으로 확대되고, 점차 장원이 '치외법권' 지역으로 변하죠.

판사 '치외법권'이라면 국가의 법이 미치지 않는 곳이란 말씀이세요?

나친절 박사 그렇답니다. 초기와 후기의 양상은 결정적인 차이를 보이죠. 초기 장원은 사유를 인정받지만 국가에 정해진 세금을 납부해야 했지요. 또 장원 내에서 사건이나 사고가 발생하거나, 범죄자가 처벌을 피해 장원으로 도망쳤을 경우, 국가의 경찰이 장원에 들어가 범인을 조사하고 체포할 수 있었지요.

판사 장원도 국가에 세금을 납부하고 각종 규제를 받았군요.

나친절 박사 그런데 힘이 센 천황가나 후지와라 씨 등 유력자가 장원의 주인이다 보니 점차 기진 장원들에는 이 두 원칙이 적용되지 않았습니다.

판사 결국 후기 장원은 국가의 힘과 행정력이 미치지 않았다는 말씀이군요.

나친절 박사 더욱 심각한 것은 세력이 커진 이들은 국사의 장원 출입을 거부했고(불입권), 나아가 세금 납부도 거부(불수권)한다는 것

이지요. 그야말로 '무풍지대', 즉 장원이라는 독립되고 독자적인 세계가 출현한 것입니다. 소위 '그들만의 리그'가 탄생한 거죠.

판사 그렇군요. 그러면 후기 장원과 무사가 어떻게 연관되는지 말씀해 주시지요.

나친절 박사 양자의 관련을 이해하려면 우선, 행정력이 미치지 않는 장원에 국가가 어떻게 대응했는지 알아야 합니다. 한마디로 장원은 골칫덩어리였지요. ▶장원이 커질수록 그만큼 국가 땅이 줄어들고 당연히 세금도 줄어드니까요. 결국 국가 재정을 파탄시키는 원흉이었지요.

교과서에는

▶ 8세기 말(794년) 헤이안쿄(교토)로 천도한 후 12세기 후반 가마쿠라 막부가 들어설 때까지를 헤이안 시대라고 하는데, 이 시기 일본은 율령 체제가 동요하고 호족들의 장원이 확대되는 변화를 겪게 됩니다.

판사　국가로서는 이를 저지할 특단의 대책이 필요했겠군요.

나친절 박사　그래서 상당한 무리수를 두는데, 바로 지방 행정을 담당하는 국사에게 **전권**을 주는 대신 국사를 통해 세금만 거두면 된다고 생각해 그들의 **전횡**을 묵인해 주었던 거죠. 이른바 국사에게 세금 청부, 세금 하청을 준 거죠. 임명된 국사는 지위를 이용해 마음껏 자신의 욕심을 채우던 조선 시대의 탐관오리 같은 탐욕스런 '수령(受領)' 국사가 됩니다.

참고인 나친절 박사의 설명을 듣던 이대로 변호사가 질문했다.

이대로 변호사　수령 국사가 백성을 얼마나 수탈했는지 실례를 들어 주시겠습니까?

나친절 박사　당시 수령의 탐욕을 말해 주는 좋은 일화가 있습니다. 어떤 수령이 산길을 가다가 발이 미끄러져 깊은 계곡에 떨어졌는데, 그 위험한 순간에도 바위틈에 돋아난 버섯을 땄대요. 그러면서 "수령은 넘어져도 절대 그냥 일어나면 안 된다. 땅바닥 흙이라도 집어라"라고 했답니다. 어떤가요? 이 정도면 수령들의 욕심이 가히 최고라 할 수 있겠죠.

이대로 변호사　당시의 수령들은 욕심쟁이의 대명사 '놀부'나 '카심'보다 더한 존재였군요. 그토록 탐욕적인 수령이라면 장원 영주들을 마음껏 착취했을 것 같은데요.

전권
맡겨진 일을 책임지고 처리할 수 있도록 일체의 권한을 주는 것입니다.

전횡
권세를 쥐고 제 마음대로 하는 것을 말하며, 독선적으로 행동하는 것을 말합니다.

나친절 박사　　수령은 장원을 줄이려고 기존 장원을 정리하고, 또 세금을 더 거두려고 지금까지 세금을 면제 받던 장원의 특권을 없애거나 줄였지요.

이대로 변호사　　장원 영주와 수령 간의 무력 충돌이 일어났겠군요.

나친절 박사　　그래서 수령은 건장하고 무예가 뛰어난 사람들을 치안 유지 명목으로 동원해 장원 영주와의 갈등을 해결하는 데 이용하게 되었지요.

　　왜 일본에 사무라이가 등장했을까?

이대로 변호사   그럼 이에 장원 영주들은 어떻게 대응합니까?

나친절 박사   장원 영주들도 우선 집안 사람들을 무장시키고, 점차 무예가 뛰어난 자들을 부하로 고용해 세력을 키워 나갔죠.

이대로 변호사   무사의 발생은 장원의 확대와 관련이 깊다고 할 수 있군요.

나친절 박사   그렇지요. 동전의 양면과 같다고 할까요?

이대로 변호사   감사합니다. 참고인 말씀 잘 들었습니다. 무사의 출현은 농민들이 수령의 착취와 횡포에 대항하기 위한 자위수단, 한마디로 정당방위였네요.

나친절 박사   네, 바로 그렇습니다.

2

지방 반란과
무사의 활약

판사　　장원과 무사의 관련성에 대해 피고 측은 무사의 출현이 정당방위다, 역사적 필연이라고 했습니다. 원고 측도 그 점을 인정합니까?

김딴지 변호사　　당시 유력 농민들과 장원 영주들이 스스로를 지키기 위해 무장하거나 무사를 고용할 수밖에 없었다는 점은 일부 수긍합니다. 그렇지만 국가의 정당한 공권력 행사에 대항해 사적으로 무장한 행위 자체는 결코 그 정당성을 인정할 수 없습니다. 법을 어긴 것이니까요. 영주들이 '장원 정리령'을 무시했기 때문에 강제로라도 장원을 정리하고 세금을 확보하려 했던 겁니다. 수령이 지나친 경우도 있었지만, 그래도 법은 따라야 합니다. 악법도 법이니까요. 소크라테스가 왜 그냥 죽었겠습니까?

김딴지 변호사의 변론을 듣던 이대로 변호사가 끼어들었다.

이대로 변호사   뭐, 뭐라고요? 악법도 법이라니요. 아니, 그럴 만한 법이 있기나 했나요? 또 법이 있으면 뭐합니까, 백성도 지키지 못하는 법이 무슨 법입니까?

김딴지 변호사   이 변호사, 말씀이 조금 지나치군요. 여긴 바로 그 법을 다루는 신성한 법정이란 사실을 잊으셨나요? 도대체 무슨 근거로 그런 말을 합니까!

이대로 변호사   당시 법이 정상적이지 못했음을 보여 주는 충분한 근거 자료가 있습니다.

판사   그렇다면 피고 측 변호인은 관련 자료를 증거로 제출하도록 하세요.

이대로 변호사   당시 호적을 증거 자료로 제출하겠습니다. 객관적인 해석을 위해 이 자료에 대한 설명을 참고인에게 부탁드릴까 합니다.

판사   그럼 참고인 설명 부탁합니다.

나친절 박사   예, 알겠습니다.

이대로 변호사   우선 당시 국가는 어떤 상태였나요?

나친절 박사   일본의 역사서에서 보통 '연희(延喜)·천력(天曆)의 치(治)'라 하여…….

그 순간, 방청석에 앉아 꾸벅꾸벅 졸다가 '~치'라는 말에 정신이 번쩍 든 한 방청객이 옆자리의 일행에게 물었다.

"뭐, 지금 방금 무슨 '치'라고 했나? 일본에서 많이 나는 생선 이름인가. 그렇다면 참치, 꽁치……. 아! 맛있겠다. 내가 제일 좋아하는 맛있는 갈치?"

"꿈 깨셔. 무슨 아닌 밤중에 홍두깨야. 생선이 아니라 일본의 '연호' 이야기거든. 해 년(年), 부를 호(號), 즉 그 해를 부르는 칭호인 연호란 말이야. 우리에게는 좀 낯설지만 일본에서는 연호를 일반적으로 사용하지. 다이카(大化) 개신, 다이호(大寶) 율령, 메이지(明治) 유신처럼 말이야."

"그럼 지금 천황을 '헤이세이(平成)' 천황이라 하는데 천황 명칭도 연호에서 유래한 거야?"

"맞아. 그럼 이제 박사님 말씀 좀 듣자고."

"아차, 지금 재판 중이지!"

나친절 박사　훗날 '연희·천력의 치'라 칭송되던 10세기 초는 율령 체제가 붕괴되는 시기로 '치'와는 거리가 멀지요. 정부는 902년에 불법적인 토지 소유를 법으로 금지시키며 율령제를 재건하려 하나 이미 정상적으로 세금을 거둬 국가를 유지하기는 어려운 상태였지요.

이대로 변호사　국가가 그 존립 기반인 백성도 제대로 파악하지 못했다는 거네요. 그렇다면 이미 정상적인 국가 기능이 마비된 '식물 인간' 상태였군요.

나친절 박사　그렇다고도 할 수 있지요.

이대로 변호사　제출한 자료를 보시고 직접 그 의미를 설명해 주시겠습니까?

나친절 박사　아, 호적이네요. 당시의 실상을 보여 주는 좋은 사례군요. 이건 902년 아와국(阿波國, 현 시코쿠 지방 도쿠시마 현)의 호적인데, 전체 435명의 리스트네요. 내역을 보니, 남자 59인, 여자 376인으로 되어 있군요.

김딴지 변호사　잠깐만요, 박사님. 지금 남자가 59명, 여자가 376명이라고 하셨나요? 혹시 남성의 숫자를 잘못 보신 게 아닌가요?

나친절 박사　그럴 리가 있겠습니까. 틀림없는 숫자입니다.

이대로 변호사　남성과 여성의 비율이 1 : 6이 넘는 이상한 지역인데, 왜 그런 건가요?

나친절 박사　한마디로 조작된 거죠.

이대로 변호사　아니, 호적이 조작된 것이라고요? 왜인가요?

나친절 박사　**율령 국가**는 국가에 필요한 세금과 군대를 가장인 성인 남자를 기준으로 부과했지요. 이 호적의 경우, 한마디로 세금을 피하기 위해 남자의 수를 허위로 조작한 겁니다.

이대로 변호사　902년 그 당시에 호적에 기초한 율령 국가의 행정이 사실상 마비되었다는…….

　이때 김딴지 변호사가 급히 자리를 박차고 일어서며 이의를 제기하고 나섰다.

김딴지 변호사　판사님, 이의 있습니다. 참고인도 분명 자료가 조

율령 국가
법률 즉 율령을 나라의 기본으로 하여 통치하는 국가를 말합니다.

작된 것이라 하셨는데, 그런 자료가 얼마나 객관적이겠습니까? 당시 전국에 66국이나 있었는데, 겨우 한 지역의 자료로 너무 일반화하는 것 아닙니까? 판사님, 증거 자료로서의 채택을 유보해 주시길 바랍니다.

판사   이의를 인정합니다.

이대로 변호사   역시 그렇게 나올 줄 알았습니다. 그래서 준비한 것이 또 있습니다.

이대로 변호사는 입가에 미소를 띠며 준비한 다른 자료를 나친절 박사에게 보여 주었다.

나친절 박사   이번엔 908년도 스오우국(周防國)의 호적이네요. 현재의 나가노 지역이죠. 나가노 하면 홋카이도와 함께 1998년에 동계올림픽이 열렸던 곳으로 산 많고 눈 많기로 유명하고, 음식으로는 소바 즉 메밀국수가 유명한 곳이지요. 또 무사들이 타던 말도…….

김딴지 변호사   박사님, 어서 비율을 말씀해 주세요.

나친절 박사   아이고, 제 고향이라서 그만……. 음, 여기도 8대 2의 비율로 여성이 일방적으로 많군요. 이 역시 조세와 군역을 피하기 위해 조작한 것으로 판단됩니다.

이대로 변호사   이 정도라면 김 변호사라도 그저 우연의 일치라 주장할 수는 없겠지요.

김딴지 변호사   두 자료를 봤으니, 나로서도 현실을 수긍할 수밖에 없네요.

판사　어떻게 호적이 조작될 수 있나요? 중앙 정부는 이런 실태를 알고 있었나요?

나친절 박사　당시 지방 정치의 문제점을 지적하는 보고서나 수령의 횡포를 고발하는 탄원서도 빈번히 올라오고 있어 어느 정도는 알고 있었지요.

판사　그래서 중앙 정부는 어떤 조치를 취했나요?

나친절 박사　중앙 정부로서도 달리 방도가 없었어요. 필요한 비용을 조달하기 위해서는 세금 청부인 역할을 하는 수령 국사에 의지하는 것 외에 다른 대안이 없었던 거죠.

판사　아주 심각했군요. 국가가 백성들을 제대로 파악하지 못해 세금을 부과하기 어려워, 결국 궁여지책으로 수령 국사를 파견할 수밖에 없었다니 말이에요.

나친절 박사　예. 이런 가운데 지배 대상이 점차 '사람'에서 '땅'으로 바뀌는 중요한 의식의 전환이 일어납니다. 이는 고대 국가와 중세 국가의 지배 방식의 큰 차이점이죠.

판사　사람이 아닌 땅을 기준으로 세금을 거둬들이는 거네요.

나친절 박사　세금 청부업자로 지방에 간 수령 국사들이 처음 착안한 것인데, 수령 국사에게 위임받은 지방의 세금 청부인들이 그 지역의 넓은 땅을 맡아 경작하고 대신 수령이 원하는 만큼의 세금을 책임지고 내는 방식이죠.

이대로 변호사　그렇다면 군대에 징집할 인력도 전혀 파악할 수 없

> **세금 청부인**
> 세금을 거두어들이는 일을 맡아 대신 그 일을 하는 사람을 말합니다.

었겠군요.

나친절 박사　이미 군역 체제가 붕괴되어 국가의 경찰력이나 군사력이 유지되지 않았지요.

이대로 변호사　그럼 반란이 일어날 경우 어떻게 대처했나요?

나친절 박사　사실 당시 국가의 힘만으로는 불가능했지요.

이대로 변호사　그러면 혹시 지방에서 반란이 일어나지는 않았나요? 당시의 대표적인 반란은 어떤 것이 있었나요?

나친절 박사　939년 전후로 두 개의 반란이 일어났습니다. 우선

939년 동쪽에서 다이라 마사카도(平將門)가 반란을 일으켰습니다. 이 난은 관동 일대의 호족을 이끌고 새로운 국가를 수립했다는 점에서 결코 그냥 넘길 수 없는 중차대한 사건이었죠.

이대로 변호사　마사카도가 왜 반란을 일으킨 겁니까?

나친절 박사　당시에는 토지를 둘러싼 분쟁이 많았는데, 마사카도의 난도 영지를 둘러싼 집안 싸움에서 비롯되었지요. 그런데 이 싸움에서 승리한 후, 국사가 도리에 어긋난 행동을 하자 의협심이 강한 그가 다른 지방 호족들과 연대하여 반란을 일으킨 겁니다.

이대로 변호사　난은 어떻게 전개되었나요?

나친절 박사　마사카도는 관동 일원을 차례로 공격해 동국의 대부분을 점령하고, 마침내 자신을 '신황(新皇)'이라 칭합니다. 관동은 그가 지배하는 독립 왕국이 되었지요.

이대로 변호사　판사님, 마사카도로 대표되는 무사들의 군사 행동은 여러 측면에서 생각해 볼 여지가 있어 보입니다. 장본인을 증인으로 불러 직접 들어 보는 것이 좋을 것 같습니다.

판사　허락합니다.

　마사카도가 법정에 들어서자 한 무리의 사람들이 일제히 일어나 그에게 정중하게 예를 갖췄다. 그들은 모두 이바라키 현을 중심으로 하는 남쪽 관동에 연고가 있는 영혼들로 마사카도를 여전히 마음속의 왕이자 신으로 여기고 있었다. 그는 가볍게 손을 들어 답하며 증인석으로 이동했다. 자리에 앉기 전 피고석의 미나모토 요리토모 장군을 향해 응원의 눈길을 보내는 한편, 원고 측에 자리한 천황은 무시한 채 자리에 앉았다.

판사   자, 그만 방청석에 서 계신 분들은 앉아 주시고, 증인은 증인 선서를 해 주세요.

다이라 마사카도   나, 다이라 마사카도는 오직 진실만을 말할 것을 서약합니다.

이대로 변호사   증인이 난을 일으키게 된 전후 사정을 자세히 말씀 해 주시지요.

일본은 동쪽을 관동, 서쪽을 관서 지방이라 하지요. 관동 지방의 중심은 오늘날 도쿄이며, 관서 지방의 중심은 오늘날 오사카입니다.

오사카

도쿄

왜 일본에 사무라이가 등장했을까?

다이라 마사카도 나의 아버지 요시마사(良將)는 시모우사(지금의 이바라키 현)의 실력자였소. 그런데 아버지가 죽은 후, 남겨진 영지를 지키자니 조정의 권위가 필요해 상경했소.

이대로 변호사 벼슬하러 갔다는 말씀인가요?

다이라 마사카도 처음에는 그랬소. 그러나 출사하지 않고 후지와라 다다히라(藤原忠衡)의 **가인**(家人), 즉 귀족의 무사로 봉사하다 스물여덟 살 되던 해에 그냥 귀향했소. 그런데 막상 고향에 돌아와 보니 백부 등이 우리 땅을 모두 차지해 버렸소. 그래서 하는 수 없어 근처로 주거를 옮겼는데도 그들은 나를 가만두지 않고 계속 압박해 왔소.

이대로 변호사 그래서 어떻게 되었나요?

다이라 마사카도 결국 나도 힘으로 싸울 수밖에 없었지요. 935년에 큰아버지 연합군에게 급습당해 잠시 고전했지만 결국 그들을 쳐부수었소. 이후 나의 **무명**이 관동에 널리 퍼졌지요.

이대로 변호사 관동에서 가장 유력한 무사가 되었다는 말씀이네요.

다이라 마사카도 그렇소. 관동의 '대장'이 된 나는 불과 2년 만에 관동 8개국을 정복하여 '신황'이라 칭할 정도가 되었다오.

이대로 변호사 처음부터 국가에 반역할 생각이 있었나요? 아니면 싸우는 과정에서 관아를 습격하게 되었고, 어쩔 수 없이 천황에게 반역하게 된 건가요?

다이라 마사카도 우선, 변호사 양반. 아까부터 자꾸만 반란, 반역하는데, 좀 귀에 거슬리는구려. 아무리 역사가 승자의 기록이라 해도 무사들의 변호인인 당신만큼은 그러면 안 되는 거 아니오.

이대로 변호사　죄송합니다, 증인. 나도 모르게 그만……. 교과서 용어에 익숙하다 보니…….

다이라 마사카도　결코 나는 반란도 반역도 꾀한 적이 없소이다.

이때 김딴지 변호사가 급히 일어나며 말을 이었다.

김딴지 변호사　증인은 애초부터 그럴 인물도 못 되었고, 그럴 생각도 없었던 거 아닙니까? 천황과 조정에 그런 불경한 마음을 먹을 리 있겠습니까? 당신 같은 무사가 말입니다.

다이라 마사카도　그게 무슨 말이오? 감히 나를 만인 앞에서 모욕하는 것이오? 내가 반란도 반역도 한 적이 없다는 말을 크게 오해한 모양이구려. 그것은 바로 내가 조정에 반역한 것이 아니라 '혁명'을 시도했다는 말이외다.

김딴지 변호사　반란도 반역도 아닌 혁명이라고요? 참 애매하군요.

다이라 마사카도　아직도 내가 혁명이라 하는 이유를 이해 못한 모양이오. 어찌 황새가 봉황의 깊은 뜻을 알겠소. 내가 반역이 아닌 혁명을 꿈꿨다는 사실은 어린 시절 상경해서 결코 조정에는 출사하지 않은 것만 봐도 알 것이오. 절대 천황의 신하가 되지 않았단 말이오.

김딴지 변호사　그거야 증인이 능력이 없어서 관직도 못 얻고, 출세도 못한 것 아닙니까!

다이라 마사카도　똑똑히 말해 두지만, 관직을 얻지 '못한' 게 아니라 얻지 '않은' 것이오.

김딴지 변호사 그럼 뭐 하러 고향을 버리고 올라가 허송세월을 한 겁니까?

다이라 마사카도 내가 처음 중앙으로 간 것은 조정의 권위를 빌려 내 땅을 지키기 위해서였소. 그런데 막상 가 보니 조정 꼴이 그야말로 가관이더구려. 이건 아니다 싶어 벼슬길을 포기하고 천황을 대신하는 새로운 세상을 만들고자 했던 것이오.

김딴지 변호사 만약 증인의 말처럼 새로운 세상을 만들기 위한 혁명으로 정의의 군사를 일으켰다면, 왜 반란 직후에 절대로 반란을 일으킨 게 아니라는 구차한 변명을 한 겁니까?

다이라 마사카도 허허허, 변호사 양반도 순진이 좀 지나치시구려. 내가 혁명 후 후지와라 씨에게 편지를 보낸 건 사실이오. 그러나 그건 나의 행동을 해명하기 위해서가 아니라 진압군의 파견을 늦춰 보려는 심산에서였소. 한마디로 축구 시합에서 자주 보는 '시간 끌기' 작전이었다고나 할까.

김딴지 변호사 그게 변명이 아니고 뭡니까?

다이라 마사카도 나, 이거 참. 변호사 양반도 고집이 만만치 않구려. 그것으로 부족하다면, 내가 천황이 엄연히 있는데도 '신황'이라 칭했다는 사실을 어찌 설명하겠소.

김딴지 변호사 그것도 혹시 무녀들에게 속아 신의(神意)를 사칭한 건 아닌가요?

다이라 마사카도 무슨 가당치도 않은 소리요?

사칭
이름, 직업, 나이 따위를 거짓으로 속여 이르는 것을 말하지요.

김딴지 변호사 그렇다면 증인께 한 가지만 묻지요. 언제 신황이 된 겁니까?

다이라 마사카도 940년 1월에 동국 8국을 거느리는 신황이 되었소.

김딴지 변호사 그럼 증인은 언제, 어떻게 죽게 됐나요?

다이라 마사카도 나한테 아버지를 여읜 사다모리·히데사토 연합군과 싸우던 중 날아온 화살에 맞아 그만 죽게 되었소. 940년 2월의 일이오.

김딴지 변호사 그렇다면 신황을 칭한 지 불과 두 달, 정확히 50일 뒤 아닙니까? 신의 계시를 받고 새로운 천황이 되었다는 분이 어떻게 그리 어이없게 죽습니까?

다이라 마사카도 허허, 운명은 재천이오. 내가 새처럼 날 수 있는 것도 아니니 어찌 날아오는 화살을 피하겠소이까. 그렇다고 나만 그렇게 허망하게 죽은 건 아니요. 한국의 왕 중에도 나와 비슷하게 죽은 왕들이 있는 것 같은데……. 날아오는 화살에 맞아…….

이대로 변호사 아, 태자를 구하려다 관산성 전투에서 어이없이 죽은 백제의 성왕과 평양성 전투에서 근초고왕과 싸우다 죽은 고구려의 고국원왕을 말씀하시는 건가요?

다이라 마사카도 그렇소. 대개 불세출의 영웅은 다 그렇게 짧고 굵게 살다 가는 법이라오. 광개토대왕도 그렇고 말이오.

김딴지 변호사 아무리 착각은 자유라지만…….

다이라 마사카도 당시 조정은 이름뿐으로 백성에게 삶의 터전도 마련해 주지 못하고, 도적을 지켜 주지도 못하는 무능 그 자체였소. 그런 현실이 나 같은 새로운 지배자를 출현시킨 것 아니겠소. 민심은 천심이라 했소. 민심이 아니라면 어찌 하루아침에 그토록 수많은 지지 세력을 결집할 수 있었겠나 말이외다. 비록 내가 삼일천하의 주인공이 되었지만, 새로운 왕국을 세워 백성에게 행복을 주는 신국의 신황이 되려 한 것이 무슨 잘못이란 말이오.

김딴지 변호사　　지금 민심은 천심이라 했는데, 그럼 천명이라도 받았다는 말씀인가요?

다이라 마사카도　　그렇소. 나는 하늘의 명령, 즉 천명을 받은 사람이오. 아까 내가 법정에 들어설 때 수많은 사람이 일어나 마치 나를 천황 대하듯 하는 걸 보지도 못했소?

김딴지 변호사　　실은 저도 조금 놀랐습니다만, 중국과 한국이라면 몰라도 어떻게 천황가가 있는 일본 열도에서 다른 천명이 있을 수 있습니까? 그게 바로 반역이고 반란 아닙니까!

다이라 마사카도　　다른 곳에서는 인정되는 혁명이 왜 일본에서만 안 되는지 모르겠구려. 그리고 천명이란 게 바로 신의 계시를 받는 것 아니고 무엇이오?

김딴지 변호사　　하늘의 뜻, 신의 계시라고요? 어찌 감히 신의 뜻을 운운하는 겁니까! 그리고 '신황'이라니, 자신을 하늘의 태양이라 자처하는 것인데, 어찌 하늘에 두 개의 해가 있을 수 있단 말입니까? 태양신의 후손인 천황 외에 누가 진정한 태양이 될 수 있습니까?

다이라 마사카도　　그거 참, 김딴지 변호사는 역시 하나만 알고 둘은 모르는 양반이구려.

김딴지 변호사　　그건 또 무슨 말씀이신가요?

다이라 마사카도　　김 변호사는 천황이 하늘에서 내려온 천신의 후손이고, 그 신의 자손이 통치하는 나라가 '신국'이라 주장하면서도 정작 일본은 천조대신(아마테라스오미카미) 외에도 수많은 신이 존재하는 신들의 나라[神國]라는 사실을 모르니 하는 말이외다.

김딴지 변호사　　일본인에게 천황가의 조상신 이외에 수많은 신이 있다고요?

다이라 마사카도　　그 수가 무려 '800만 신'이나 된다오. 모르셨소?

김딴지 변호사　　800만이오? 당시의 인구가 400~500만 명이었는데 이보다 신이 더 많았다는 건가요?

다이라 마사카도　　물론 이 '800만 신'은 액면 그대로 신이 800만 명이라는 의미가 아니오. 헤아릴 수 없을 만큼 많다는 뜻으로 한마디로 '물 반, 고기 반'이 아닌, 지천에 깔린 게 신이란 말이오.

이대로 변호사　　일 년 내내 전국에서 **마쓰리**가 열리는 축제의 나라가 된 것도 다 수많은 신을 기쁘게 해 주기 위해 인간들이 시도 때도 없이 마련한 이벤트 때문이군요.

다이라 마사카도　　나도 신이 되었다오. 의심스럽거든 도쿄의 간다 진쟈(神田神社)에 가 보시오. 그건 그렇고, 그 수많은 신들 가운데 가장 사랑받는 신이 누군지 아시오?

다이라 마사카도를 수호신으로 모시는 신사 간다 진쟈.

김딴지 변호사　　그야, 가장 유명하고 존귀한 아마테라스 오미카미가 아닐까요? 현재 이세 신궁(伊勢神宮)에 모셔져 있는 천황가의 조상신 말이에요.

다이라 마사카도　　그건 천황가의 생각이고, 바로 스가와라 미치자네(菅原道眞) 공, 아니 스가와라 신이라오. 일본이 낳은 수재, 공부를 가장 잘해서 후에 '학문의 신'이 되신 분 말이오.

김딴지 변호사　　아니, 그런 신도 있었나요?

다이라 마사카도　　그렇소. 학문의 신이라면 최근에 미국 오바마 대통령도 칭찬할 정도로 공부 열심히 하기로 소문난 한국인에게도 큰 인기를 끌 것 같은데, 특히 시험을 잘 봐야 하는 수능생들에게 말이오. 아무튼 바로 그 위대한 신에게 신탁을 받은 게 나란 말씀이외다. 김 변호사도 '천벌 받는다'는 말을 알 거요. 나는 일본인의 사랑과 존경을 한 몸에 받는 신의 메시지를 들었단 말이오. 그러니 학문신이자 **원령신(怨靈神)**인 스가와라 신의 신탁을 어찌 무시할 수 있겠소.

김딴지 변호사　　스가와라 신이 원령신이라고요?

다이라 마사카도　　죄 없이 억울하게 죽어 원령신이 되었소. 일본인이 가장 무서워하는 신이 또한 원령신이라오. 현대인들은 쉽게 이해하지 못하겠지만, 고대인들은 특히 일본인들은 지진, 화산, 태풍, 쓰나미 같은 자연재해나 모든 재난을 신이 노해서 벌을 내린 것이라 여겼소.

김딴지 변호사　　듣자니 어이가 없군요. 천벌이 무서워 반역을 꾀했다는 말인가요?

원령신
원한을 품고 죽은 사람의 혼령을 가리켜 원령이라고 합니다. 따라서 원령신이란 원한을 품고 죽어 신이 된 혼령을 말하지요.

민심이반
민심이 옮겨 가는 것을 이르는 말입니다.

다이라 마사카도　　그렇소. 어찌 천명을 거역할 수 있겠소. 내가 '신황'이 되려 한 건 사사로운 권력욕 때문이 아니라 신의 뜻을 받들어 새로운 이상 세계를 실현하고자 했던 것 뿐이오.

김딴지 변호사　　증인은 줄곧 '신의 명령, 신의 뜻'을 반란의 명분으로 내세우는데, 그렇다면 이건 어떻습니까! 일본인이라면 누구나 조상신을 모시고 있지요?

다이라 마사카도　　물론 누구라도 집 안에 신단과 불단을……. 그게 뭐 잘못된 거라도 있소?

김딴지 변호사　　그럼, 누군가가 꿈에서 조상신으로부터 '네가 천하의 주인이 되어라!'는 말을 들었다고 하면서 새 나라를 세우고, 반란을 일으키고, 명분 없는 쿠데타를 일으키면 어떻겠습니까?

다이라 마사카도　　허허, 그럴 리야 있겠소. 그렇다고 아무나 나라의 주인이 되겠다고 나서겠소. 민심을 얻어야 하고, 무엇보다도 나처럼 힘, 실력이 있어야 하지 않겠소이까.

판사　　자, 이제 그 정도면 충분한 신문이 된 것 같군요. 피고 측 변호인은 증인 신문 하시겠습니까?

이대로 변호사　　예. 증인의 말씀이 전적으로 수긍이 가는군요. 앞서 **민심이반**을 말씀하셨는데, 가장 큰 이유가 뭐라고 생각하십니까?

다이라 마사카도　　역시 지배층의 도덕성 아니었겠소.

이대로 변호사　　지배층이라면 천황가나 귀족들인데, 어떤 점이 그런지 구체적으로 말씀해 주시겠습니까?

다이라 마사카도 ▶전국의 장원을 독점한 그들이 오직 사리사욕만

채우고, 법을 무시하고, 세금 면제 특권만 누리니 국가는 백성에게 줄

땅이 없고 세금은 줄어 재정도 엉망이 된 게 아니오. 그러다 보니 국

가는 백성을 더욱 쥐어짜게 되고, 민심이반이 일어나는 것

이 당연하지 않겠소. 그야말로 악순환의 연속인데, 발단은

역시 지배층의 도덕성이 아니고 무엇이겠소?

이대로 변호사   그렇군요. 결국 국가를 파탄으로 이끈 주

범은 '장원'의 확대 자체가 아니라, 장원의 최대 주인이자

교과서에는

▶ 율령 체제가 동요하고 호
족들의 장원이 확대되어 갔
습니다. 그러면서 국왕의 권
력은 약화되었지요.

압령사, 추포사
병사를 통솔하여 국내의 흉도를
진압하는 일을 하는 임시 관직
을 가리키는 말입니다.

지배 세력인 천황가, 귀족, 사원·신사 세력이 권력을 이용해 온갖 편법과 탈세로 부를 축적했기 때문이라고 할 수 있겠네요. 이상입니다.

판사　수고하셨습니다. 증인은 내려가셔도 좋습니다.

마사카도가 증인석에서 내려와 문으로 향하자 방청석에 앉아 있던 많은 사람이 그를 배웅하기 위해 다시 자리에서 일어났다. 그는 흐뭇한 미소를 지으며 천천히 법정을 나갔다.

판사　그럼, 이제 서쪽의 반란에 대해 알아보도록 하지요. 나친절 박사님, 어떻습니까?

나친절 박사　마사카도의 난과 같은 해(939년)에 서일본에서도 당시 해적의 우두머리인 후지와라 스미토모(藤原純友)가 반란을 일으켰습니다.

이대로 변호사　이런 비상 사태에 중앙 정부는 어떻게 대처했나요?

나친절 박사　9세기 말 이후 호족이나 유력 농민이 자신의 세력을 유지하려고 무장하면서 종종 분쟁이 생겼고, 그때마다 정부는 진압을 위해 **압령사**(押領使)나 **추포사**(追捕使)를 파견하는데, 결국 이들이 현지에 남아 유력한 무사가 되었지요.

이대로 변호사　역사상 무사 집안의 탄생이군요.

나친절 박사　그렇지요. '병(兵, 쓰와모노)'이라 불린 그들은 무사 집안(兵家, 쓰와모노이에)을 형성해 주인이 '이에노코(家子, 가자)'라는 자제나 로토(郎黨·郎等·郎從, 낭당)라는 종자(從者)를 이끌고 서로 싸우면서 세력을 키워 국사에 대항할 정도로 성장했지요.

판사 병가라고 하면 어떻게 구성되어 있나요?

나친절 박사 병가의 구조는 주인을 중심으로 형성되는데 주인 아래에 가자가 따르고, 가자는 각각 낭당이나 하인(下人, 게닌)·소종(所從)을 거느렸지요.

이대로 변호사 이들이 점차 무사 집안의 중심이 되는 건가요?

나친절 박사 맞습니다. 마침내 이들은 수령의 횡포나 도적의 추포, 내란을 진압하면서 연합체를 형성하게 되지요. 특히 변경에서는 임

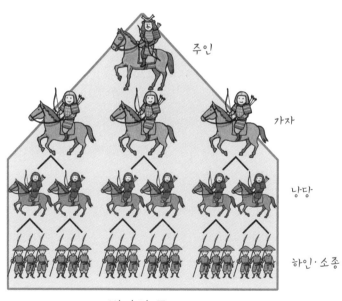

주인

가자

낭당

하인·소종

병가의 구조

다이라 씨
12세기 막강한 권력을 행사했
던 일본의 무사 가문입니다. 다
이라 씨(平氏)는 825년 다카무
네 친왕이 천황으로부터 '다이
라'라는 성을 하사받은 데서 비
롯되었으며, 그 후손들은 간무
다이라(桓武平)로 불린답니다.

미나모토 씨
천황의 자손이 신하의 신분으로
강등될 때 내려지는 성씨 중 하
나지요. 미나모토 성을 받은 일
족을 통틀어 겐지라고 합니다.

기가 끝난 후에도 남아 있던 국사의 자손들을 중심으로 큰 무사단이 생겨납니다. 그 대표적인 지역이 관동입니다.

이대로 변호사　　'무사' 하면 우선 관동 지방이 떠오르는데, 특별한 이유라도 있나요?

나친절 박사　　관동은 무사들이 나고 자란 고향이라 할 수 있는데, 양마의 산지이고, 기질이 거칠고 용맹스러운 무사들이 많으며, 또 많은 실전 경험과 뛰어난 전투력을 지녔기 때문이지요.

이대로 변호사　　무사들의 온상이군요. 그럼, 그곳에 일찍 뿌리 내린 대표적인 무사 집안과 인물은 누구인가요?

나친절 박사　　역시 환무평 씨(桓武平), 그 가운데 다이라 마사카도가 대표적이지요.

이대로 변호사　　정부는 반란이 일어나면 일단 이들 무사들을 이용하고 의존할 수밖에 달리 방법이 없었겠네요. 어떤 집안이 반란 진압에 이용되었나요?

나친절 박사　　다이라(평씨), 미나모토(원씨), 그리고 후지와라(등원씨)가 대표적입니다.

이대로 변호사　　그래서 이번 동서의 두 반란도 역시 이 세 무사 집안이 평정하게 된 거군요.

나친절 박사　　결국 이들의 활약으로 반란이 진압되었는데, 마사카도는 같은 다이라 씨인 다이라 사다모리(平貞盛)와 후지와라 히데사토(藤原秀鄕)에게, 스미토모는 미나모토 쓰네모토(源經基)에게 진압되었죠. 이들이 각각 무사 집안인 다이라, 미나모토, 후지와라 가문의 선조들이지요.

이대로 변호사   그럼, 이 두 난의 역사적 의미는 무엇인가요?

나친절 박사   마사카도의 난은 이와이(磐井)의 난 이후 중앙 정부에 대항한 최초이자 최대의 반란이라는 점, 반란을 일으키는 쪽도 진압하는 쪽도 모두 무사라는 점, 그리고 당시의 조정이 얼마나 무능했는지를 만천하에 보여 준 점이라 하겠지요.

판사   한마디로 반란은 무사를 이용해 쉽게 진압했으나 조정의 군사력은 '꽝?'이었고, 반대로 지방 무사단은 더욱 기세등등해졌다는 말씀이네요.

이대로 변호사   또 하나 무사의 **동량**(棟梁)으로 미나모토와 다이라 가문이 명성을 날리게 된 점이 중요하다고 생각됩니다만, 반란 진압의 공 이외에 그들이 두드러진 무사 집안이 된 특별한 배경이나 이유가 있나요?

나친절 박사   역시 가장 큰 이유는 출신이라 할 수 있지요. 다이라 씨와 미나모토 씨는 일반 무사들과는 전혀 다릅니다. 또 최고 귀족인 후지와라 가문과 같은 공경 귀족과도 격이 다른 천황가 사람들이랍니다.

판사   아니, 천황의 후손이 무사라고요?

이대로 변호사   한마디로 황족인 그들이 왜 지방에 가서 무사 집안이 되었나요?

나친절 박사   간무(桓武) 천황과 세이와(淸和) 천황은 자식이 너무

동량
'기둥과 들보'라는 뜻으로, 한 집안이나 한 나라를 떠받치는 중대한 일을 맡을 만한 인재를 이르는 말입니다.

많아 모두 궁에 살 수가 없었지요. 그래서 다이라 씨와 미나모토 씨라는 성을 내려 신하로 삼은 거죠. 이들이 바로 황족 집안에서 신하로 강등된 간무 다이라(환무평씨)와 세이와겐지(청화원씨) 즉, 미나모토 씨랍니다.

이대로 변호사   그렇다면 난을 일으킨 다이라 마사카도도 난을 진압한 다이라 사다모리도 모두 천황의 후예군요. 스미토모의 난을 진압한 미나모토 쓰네모토도 마찬가지고요.

나친절 박사   맞습니다. 천황가의 후예라는 정통성이 그들을 동서 지역을 대표하는 무사, 무사단의 '동량'이 될 수 있게 한 것이죠.

잠자코 나친절 박사와 이대로 변호사의 말을 듣고 있던 김딴지 변호사는 더 이상은 들을 수 없다는 듯 자리에서 일어났다.

판사   자, 김딴지 변호사 하고 싶은 말이 많겠지만, 어느덧 정해진 시간이 다 되었군요. 오늘 첫 번째 재판에서는 장원의 발달과 무사의 출현이 어떻게 관련되는지, 그리고 지방의 반란과 무사, 무사단의 성장 과정을 참고인과 반란의 주역을 증인으로 출석시켜 살펴보았습니다. 오늘 미진한 부분은 다음 재판에서 다시 심의하도록 하겠습니다. 그럼 이로써 오늘 재판을 마치겠습니다.

땅, 땅, 땅!

무사들의 고향, 동국

무사 하면 우선 관동 지방이 떠오를 정도로 관동은 일본 역사에서 무사들이 나고 자란 고향이라고 할 수 있는데, 여기에는 몇 가지 이유가 있지요.

첫째, 양마(良馬)의 산지라는 점입니다. 말은 기동력과 밀접하게 관련되는데, 특히 시나노(信濃, 현재의 나가노), 군마(群馬) 지역 등은 일찍부터 말의 사육으로 저명하지요. 동국(관동 지방)은 양마의 산지였기 때문에 기동력이 뛰어난 무사단의 성장이 현저했답니다. 참고로 이곳에서 사육되는 말들은 백제에서 처음으로 보내 준 것들이지요.

둘째, 지형적인 요소도 크게 관련이 됩니다. 서쪽 일본에 비해 동쪽에 위치한 관동은 상대적으로 평야보다는 척박한 땅이 많고 산지가 매우 발달된 곳입니다. 이러한 자연환경은 기질이 거칠고 용맹스러운 무사들에 보다 적합한 곳이라고 할 수 있지요. 동국 무사들은 '전투에서 이마에 화살이 날아와 꽂혀도 오직 앞만 보고 나간다'라고 평가될 정도였지요.

셋째, 관동 지방은 일본의 최전선인 동북 지방의 에미시(蝦夷)와 항상 대치하고 있어서 보다 많은 실전 경험과 전투력을 지속할 수밖에 없었지요. 이러한 역사적·자연지리적 배경으로 말미암아 야마토 국가의 군사력의 원천, 최대의 무력적 기반을 이룬 곳이 바로 동국이었던 것입니다. 덧붙여 뛰어난 무기와 무구(병구)의 발달도 하나의 요소로 생각되는데, 에미시 집단의 기술을 도입한 결과 동국에서 활이나 검의 발달을 가져왔고, 현재의 대표적인 일본도(日本刀)도 에미시의 칼을 개량한 것이라 합니다.

　이렇듯 동국에 무사들이 성장할 수 있는 많은 요인이 있었다고 할 수 있는데, 일본의 긴 역사 속에서 동쪽에 기반을 둔 세력이 결정적인 전투에서 언제나 우세를 보였습니다. 예를 들면, 672년의 임신(壬申)의 난, 1180~1185년의 겐페이(源平) 전쟁, 즉 다이라(平) 씨와 미나모토(源) 씨의 대결, 그리고 1600년의 세키가하라(關原) 전투, 즉 도쿠가와(德川)의 동군과 히데요리(秀賴)의 서군의 최후 결판 등에서 동국에 기반을 둔 쪽이 승리한 것은 결코 단순한 우연이 아닐 것입니다.

다알지 기자

안녕하세요. 역사공화국 세계사법정의 다알지 기자입니다. 재판 첫째 날인 오늘은 장원과 무사의 출현 과정에 대해 살펴보았습니다. 피고 측은 '원인 없는 결과는 없다'며 장원과 무사의 탄생 과정을 통해 무사 출현의 역사적 필연성과 무사들의 무장은 수령의 탐욕과 수탈에 대한 정당방위라 주장했고, 원고 측은 '악법도 법'이라는 소크라테스의 유언을 들면서 무사들의 불법성·폭력성을 강조하며 무사는 오직 힘만으로 문제를 해결하려는, 법을 어지럽히는 존재라고 대응했습니다. 율령 국가의 파탄 원인에 대해서도 원고 측은 세금을 피하기 위해 무장한 장원 영주들의 폭력적인 저항을 문제 삼았고, 피고 측은 장원 자체가 문제가 아니라 장원의 최대 주인인 천황가나 귀족들의 편법적인 세금 포탈이 국가 재정을 악화시키고 율령 체제 자체를 흔들리게 했다는 주장으로 맞섰습니다. 그런데 저기 다이라 마사카도 증인이 가던 길을 멈추고 뭔가 할 말이 있는지 저를 지켜보고 있군요. 그와 잠시 인터뷰를 해 보도록 하겠습니다.

기자 양반이라 역시 눈치가 빠르시군요. 실은 아까 법정에서 꼭 말
하려 했었는데, 그만 원고 측 김딴지 변호사와 실랑이를 벌이느라 기
회를 놓쳤다오. 나는 일본인들에게 말하고 싶소. 나, 마사카도는 일본
역사상 '천황의 나라 일본'이라는 기존의 역사관에 대한 '안티'로서 새
로운 신국, 무사의 나라를 건설하려 했다오. 결코 단순한 권력욕에 사
로잡힌 쿠데타가 아니라 새로운 세상을 만들려는 혁명을 시도했던 것
이오. 이런 점에서 최초의 역성혁명을 시도한 선구자라는 점을 잊지
말아 주길 바랄 뿐이오. 적어도 무사 정권의 탄생은
나의 시도가 초석이 되었다고 자부하고 있소이
다. 새로운 일본 역사의 흐름을 시도한 점에
대해 재평가해 주길 바라는 바요.

다이라 마사카도

사무라이는 어떻게 중앙에 진출했을까?

1

남도북령(승병)과
북면 무사

판사   자, 오늘은 천황과 장군의 재판 둘째 날입니다. 지난 재판에서는 지방 무사들의 출현과 성장 과정을 참고인과 피고 측의 증인을 통해 확인했습니다. 그런데 오늘은 양측 모두 증인이 있군요. 우선 원고 측 증인부터 불러 볼까요. 원고 측 변호인, 오늘 재판에서 확인하고자 하는 쟁점이 뭐죠?

김딴지 변호사   지난 재판에서 피고 측은 무사들의 출현과 활약이 없었다면 고대 국가가 당장이라도 망할 것처럼 주장했습니다. 하지만 그 말은 근거 없는 망발에 불과합니다. 증인으로 나온 마사카도의 난은 다음 해에 곧바로 진압되었고, 신황을 칭한 지 불과 50여 일도 안 되어 역사의 심판, 아니 신의 심판을 받아 죽었습니다. 이는 하늘이 천신, 즉 태양신의 후손인 천황을 보호하고 있다는 명백한 증거입니다. 천황은 939년의 마사카도로 대표되는 반란 이후에도 1192년 막부가 성립할 때까지 250여 년이나 더 이어진다는 사실을 기억하시기 바랍니다. 오늘은 원고 측 증인들을 통해 무사는 어디까지나 천황의 신하로 오직 충성을 다해야 할 시종에 불과하다는 점을 확인하도록 하겠습니다.

판사　좋습니다. 그럼 원고 측 증인은 나오셔서 선서해 주시길 바랍니다.

　증인으로 나온 북면 무사가 먼저 원고석에 자리한 천황을 보고 무릎을 꿇고 정중히 예를 갖춘 뒤 증인석으로 향했다.

김딴지 변호사　증인은 자기소개를 간단히 해 주시지요.

북면 무사　나는 상황을 호위하는 '북면의 무사'라고 합니다.

판사　아니, 복면 무사요? 복면한 무사라는 말입니까? 영화에서 자주 보는 닌자(忍者) 같은…….

북면 무사　잘못 들으면 그리 오해할 수도 있겠소만, 복면이 아닌 북면의 무사입니다. '북쪽에 있다', '북쪽을 향하고 있다', 그런 의미지요.

김딴지 변호사　북쪽을 향하거나 북쪽에 있다는 말이 무슨 뜻인가요?

북면 무사　우리 무사들이 거처하는 숙소나 훈련소가 건물 북쪽에 있기 때문입니다. 당시에 무사는 '북면 무사'와 '서면 무사'가 있었지요.

원정
봉건 사회에서 국왕·제후 등이 토지를 소유하고(장원) 무사들과 주종 관계를 이루며 장원을 다스리는 것입니다. 일본에서는 상황이 천황을 대신하여 정치하는 것을 말합니다.

승병
승려들로 조직된 군대를 이르는 말로, 승군과 같은 말입니다.

김딴지 변호사　서로 무슨 차이가 있나요?

북면 무사　북면 무사는 **원정**(院政)을 시작한 시라카와(白河) 상황 때 거처인 원(院)을 경비하기 위해 고용된 무사이고, 서면 무사는 그 후에 고토바(後鳥羽) 상황이 서쪽에도 무사를 배치하면서 탄생했지요.

김딴지 변호사　지방의 유력 무사를 천황가가 고용한 것은 시라카와 상황이 처음인가요?

북면 무사　그렇지는 않습니다. 우리 같은 무사들이 궁궐 안을 수비하게 된 것은 아마 우다(宇多) 천황 때부터라고 할 수 있겠지요. '다키구치(瀧口)의 무사'라는 무사 집단이 궁 안에 거주하면서 궁궐 내의 각종 경비, 수위 역할을 했었으니까요.

김딴지 변호사　그렇다면 왜 상황들이 북면이나 서면에 무사를 배치하게 되었나요?

북면 무사　가장 큰 이유는 종교 세력 때문이었지요.

김딴지 변호사　천황가와 종교 세력이 대립했나요? 구체적으로 말씀해 주시죠.

북면 무사　시라카와 상황이 다스리는 원을 우리들 북면 무사가 경호했는데, 광대한 장원과 **승병**을 보유한 사원 세력에 대항하기 위해서는 조정도 원도 무장할 필요가 있었던 것이지요.

김딴지 변호사　사원이나 신사 등 종교 세력이

가마쿠라 시대의 무사들 복장

왜 원에까지 오게 된 건가요?

북면 무사 대사원도 많은 장원을 소유해 승병을 두고 국사와 다투기도 하고, **신여**(神輿)나 신목(神木)을 앞세워 직접 **강소**(强訴)하여 자신들의 요구를 관철시키려 했습니다. 특히 흥복사(興福寺)의 승병은 '나라(奈良)법사'라 하여 신목을 앞세워 교토로 왔고, 연력사(延曆寺)는 '산(山)법사'라 하여 신여를 메고 와 강소하는 일이 많았습니다. 흥복사와 연력사를 **남도북령**(南都北嶺)이라고 합니다. 이들 대사원은 법에 의하지 않고 실력으로 문제를 해결하려는 당시의 사회적 특성을 잘 보여 주고 있지요.

김딴지 변호사 무사들은 천황 집안에만 봉사했나요?

북면 무사 당연히 귀족들 역시 장원 문제로 종교 세력과 마찰이 잦았지요. 하지만 신불의 위력이 두려워 감히 대사원에 대항하지 못하고 우리를 고용해 대처했지요. 우리는 호위 무사로 문지기도 하고, 밤에는 불침번을 서는, 한마디로 24시간 경호원이었습니다.

김딴지 변호사 그러면 귀족에게 고용되어도 증인처럼 무사라 했나요?

북면 무사 엄격한 구분은 없으나, 천황가는 '무사', 귀족은 '사무라이'라 했던 것 같습니다.

김딴지 변호사 '무사'가 곧 '사무라이' 아닌가요?

북면 무사 사무라이는 한자로 시(侍)라 써 '귀인을 모시다, 시중들다'는 의미인 '사부라후'라는 말의 명사형입니다. 즉 '모시고 시중드

신여
신을 태운 가마입니다.

강소
무리를 지어서 호소하고 말하는 것을 뜻하지요.

남도북령
남도는 나라의 고후쿠지를, 북령은 히에이산 엔랴쿠지로 대표되는 세력을 말합니다. 헤이안 시대 후기 귀족 측 신흥 무사 세력과 더불어 큰 세력을 지녔지요.

는 사람'이라 할 수 있지요. '무사'는 원래 '무예로 조정에 봉사하는 무관'을 말했으나, 나중에는 사무라이와 무사가 같은 의미로 사용되었지요.

김딴지 변호사　증인이 생각하는 자신들의 임무는 무엇이었습니까?

북면 무사　주인인 상황, 중앙 귀족, 지방 호족을 호위하는 것, 즉 경호원으로서 최선을 다해 주인을 보호하는 일이 아니고 무엇이 더 있겠소이까.

김딴지 변호사　그렇군요. 결론적으로 무사라는 신분은 주인인 천황(가), 중앙 귀족, 지방 호족의 경호원, 즉 보디가드였군요. 사무라이라는 호칭 자체가 '시중드는 사람, 하인, 종자'라는 의미로 그들의 신분이나 하는 일을 잘 보여 주고 있네요. 그런데 이들이 고용주인 귀족이나 호족에게 정성을 다하지 않는다면 어떻게 되죠?

배임
임무를 배신하는 것, 즉 주어진 임무를 저버리는 일을 이르는 말입니다.

북면 무사 무사가 그럴 리가 있겠소만, 만약 그렇다면 주인에 대한 배신이요, 자신의 일에 대한 **배임**이라 할 수 있지요.

김딴지 변호사 만약 무사가 천황이나 상황에 충성하지 않는다면 어떻게 되는 겁니까?

북면 무사 그런 일은 결코 있을 수도 없고, 있어서도 안 되지요. 만약 있다면 죽어 마땅한 불충이자 반역이지 않겠소이까.

김딴지 변호사 무사는 어떤 경우든 이유 여하를 막론하고 오직 충성해야 하는 거군요.

북면 무사 사무라이인 이상 주인을 위해 목숨 바쳐 끝까지 충성하는 것이 마땅한 도리지요.

김딴지 변호사 역시 증인은 임무에 충실한 훌륭한 무사시네요.

북면 무사 고맙소이다.

김딴지 변호사 마지막으로 혹시, 함께 활동했던 동료 중 생각나는 무사가 있나요?

북면 무사 혹시 다이라 기요모리라고 아시는지 모르겠소이다. 나중에 보니까 나 같은 사람은 감히 쳐다볼 수 없을 정도로 출세를 했더군요. 하지만 실은 그도 우리와 한솥밥을 먹던 사이였지요. 그리

호겐의 난, 헤이지의 난을 평정하는 등 두드러진 공을 세운 헤이안 시대의 무장, 다이라 기요모리

고 미나모토라고 있었는데, 이름이 잘 생각이 나지 않는군요.

김딴지 변호사　　좋습니다. 혹시 미나모토 요시토모라고 피고의 아버지인데…… 억지로 기억해 내지 않으셔도 괜찮습니다. 좋은 말씀 감사합니다. 이상입니다.

판사　　그럼 이번에는 피고 측, 반대 신문 있습니까? 이대로 변호인.

이대로 변호사　　감사합니다. 저는 간단히 하겠습니다. 당시 증인과 같은 충성스런 북면의 무사가 아니면 천황이나 상황도 제대로 지킬 수 없었던 것 같은데, 군대는 다 어디 간 거죠?

북면 무사　　당시 국가의 군대는 있으나 마나 한 것이었소. 그래서 우리 같은 무사들이 고용된 것 아니었겠습니까?

이대로 변호사　　그렇다면 주로 어떤 집안의 무사들이 고용되었나요?

북면 무사　　뭐니 뭐니 해도 미나모토나 다이라 가문 출신의 무사들이 최고 인기였지요. 한마디로 이 두 집안이 상한가, 인기 짱! 요새말로는 '종결자'라던가…….

이대로 변호사　　그렇다면 미나모토와 다이라 가문과 같은 지방 무사들이 상경해 조정이나 원과의 관계를 돈독히 하여 천황과 상황의 오른팔, 왼팔이 된 거군요.

북면 무사　　한마디로 지방 무사들을 중앙 정계로 진출시킨 것은 분명하지요.

이대로 변호사   그건 그렇고, 개인의 경호도 그 정도니, 외부 침입이나 반란 같은 국가 비상시에는 어떻게 대처했나요?

북면 무사   당시 두 차례의 큰 어려움이 있었습니다. 1019년에는 여진족이 바다 건너 침입해 왔고, 1028년에는 다이라 다다쓰네(平忠常)가 난을 일으켰는데, 모두 우리 무사들이 해결했지요.

이대로 변호사   이상입니다.

판사   증인 수고하셨습니다. 내려가셔도 좋습니다.

  증인석에서 내려온 북면 무사는 다시 천황을 향해 공손히 인사하고 천천히 재판정 출입구로 걸어 나갔다.

2

호겐의 난과 헤이지의 난

판사　자, 그럼 다음 증인을 불러 보도록 할까요. 이번엔 피고 측 증인이니 이대로 변호사가 먼저 발언을 하시지요.

이대로 변호사　감사합니다. 이번에는 무사들이 중앙 정계에서 어떤 역할을 하며 어떻게 권력 핵에 다가갔는지 알아봐야 할 것 같습니다. 그래서 무사가 정계로 진출하게 된 원정, 원정의 배경이 된 **섭관 (攝關)** 정치에 대해 알아보겠습니다. 하여 전문가이신 나친절 박사의 도움을 받고자 합니다. 재판장님, 증인 요청에 앞서 박사님을 불러 주시길 바랍니다.

판사　지난 재판에서도 큰 도움이 되었습니다만, 연세도 많으신데 자주 모셔 송구합니다.

나친절 박사　무슨 말씀을요. 재판에 도움이 되었다니 감사합니다.

일본인들은 남에게 도움이 된다고 하면 아주 좋아하지요. 사회에 뭔가 도움이 되는 사람을 '이치닌마에(一人前)'라 하는데, 음식으로 치면 1인분, 사람으로 치면 독립되고 완성된 하나의 인격체를 의미하지요. 그런 '이치닌마에'라야 비로소 타인(가족, 회사, 사회, 국가)에 인정받게 되는 것이죠.

이대로 변호사 박사님은 여기서나 저기서나 '이치닌마에'시네요.

나친절 박사 난 일본인은 아니지만, 아무튼 감사합니다.

이대로 변호사 그럼 섭관 정치, 원정이 뭔지 설명해 주시겠습니까?

나친절 박사 우선 무사가 나타난 헤이안 시대는 794년 수도를 나라에서 지금의 교토로 옮긴 이후를 말합니다. 가마쿠라에 무사 정권이 성립하는 1192년까지의 약 400년간이지요. 헤이안 시대까지가 고대, 가마쿠라 시대부터는 새로운 시대 중세입니다. 헤이안 시대의 정치 형태를 보면, 전기는 천황이 직접 정치하는 '친정'이고, 중기는 천황 대신 외척 후지와라 씨가 정치하는 '섭관 정치', 후기는 천황의 아버지가 정치하는 '원정'입니다. 그래서 중기를 '섭관기', 후기를 '원정기'라 부르지요.

이대로 변호사 그럼, 섭관 정치란 뭔가요?

나친절 박사 섭관 정치는 '섭정(攝政)·관백(關白)의 정치'를 줄인 말로 '섭정'과 '관백'의 지위에 있는 인물이 천황을 대신해 실질적인 정치를 하는 정치 스타일을 말합니다.

이대로 변호사 섭정은 우리에게도 익숙한데요.

섭관 정치

다이고 천황의 여덟 살 된 황태자 히로아키라 친왕이 즉위하자, 천황의 외조부였던 후지와라 다다히라가 섭정을 맡았으며, 941년에 관백이 되었습니다. 이후 다다히라의 자손이 이어받아 가면서 섭관 정치가 계속되었지요.

무사가 나타난 헤이안 시대는 크게 전기, 중기, 후기로 나눌 수 있지요. 전기에는 천황이 직접 정치를 했지만, 중기와 후기에는 그러지 못했죠.

헤이안 시대

무사가 나타남. 이 시기까지 고대.

전기	중기	후기
⬇	⬇	⬇
친정 (천황이 직접 정치)	섭관정치 (천황 대신 외척 후지와라가 정치)	원정 (천황의 아버지가 정치)

나친절 박사　　그렇지요. 섭정은 어린 임금이 즉위했을 때, 가족 중 어른이 보통 수렴청정이라 해 할머니나 어머니가 임금 뒤에서 하는 정치지요. 그래서 섭정은 원칙적으로 미성년인 임금의 경우에만 가능합니다.

이대로 변호사　　그렇다면 관백은 왜 등장하나요?

나친절 박사　　천황이 성인이 되었으나 여전히 '관백'이 천황을 보좌하면서 정치를 주도하는데, 섭정은 어린 천황의 보호자 역할로, 관백은 성인이 된 천황의 후견인·보좌역으로서 정치를 대행하는 것이지요. 한마디로 천황은 허수아비 같은 존재로, 결국 중기 약 150년 동안은 천황이 아닌, 그의 섭정과 관백이 정치권력을 좌우하게 되지요.

이대로 변호사   매우 특이한 스타일인데, 이런 정치 형태가 나타나게 된 특별한 이유가 있나요?

나친절 박사   다름 아닌 어린 천황의 즉위이죠. 그리고 섭정과 관백은 후지와라 집안만이 도맡았다는 점, 섭관 정치는 천황의 외할아버지가 하는 외척 정치라는 점이 특징인데, 이는 일본 고대의 전통과도 크게 관련되어 있습니다.

판사   일본 고대의 전통이 섭관 정치의 배경이 되었다니 매우 흥미롭군요.

나친절 박사   그렇습니다. 한마디로 중국·한국에 비해 모계 전통이 강한 것이 일본 고대 사회인데, 특히 결혼과 양육 풍습에 그 이유가 있다고 할 수 있지요.

판사   결혼 풍습과도 관련이 된다고요?

나친절 박사   일본 고대의 결혼 풍습은 '처방혼(妻訪婚)'이라 하여 남자가 '처가를 방문하는 결혼'입니다. 오늘날 한국이나 중국에서 결혼은 그냥 말로는 '시집, 장가간다'고 하지만 남자(부계)가 강해 결국은 여자가 남자 집으로 시집가는 거지요. 이와 달리 일본은 '결혼=장가가는 것' 즉 처가살이라 할 수 있죠.

판사   결국 양육은 바로 모계 중심의 결혼 풍습과 관련된다는 말씀이군요.

나친절 박사　그렇지요. 양육은 결혼과 관련되는데, 결혼한 부부가 일가를 이루어 독립해도 어린아이의 양육은 대부분 외할아버지와 외할머니가 맡는 경우가 많았어요. 귀족, 천황가도 마찬가지고요. 따라서 어린아이가 가장 사랑을 받았던 존재 하면 언제나 업어 주고 맛있는 사탕을 주던 외가의 할아버지, 할머니가 머리에 떠오르게 되지요.

이대로 변호사　섭정과 관백은 어린 천황이 즉위한 후, 어릴 적 사랑을 받았던 할아버지를 생각해 그 은혜에 보답하기 위해 마련한 특별한 정치적 지위라 할 수 있군요.

나친절 박사　바로 그렇습니다.

판사　그런데 후지와라 씨는 어떻게 탄생하게 되었나요?

나친절 박사　우선 후지와라 씨 하면 그 시조인 나카토미 가마타리(中臣鎌足)를 언급하지 않을 수 없지요. 그는 젊은 황자 나카노오오에[中大兄, 덴지(天智) 천황]와 손을 잡고 정변을 일으켜 당시 권력을 장악하고 있던 소가(蘇我) 씨 집안을 멸망시킵니다. ▶일본 고대 국가의 방향을 바꾼 645년의 다이카 개신의 실질적인 주역이었지요. 이런 공로로 죽을 무렵 정치적 동지였던 덴지 천황으로부터 후지와라(藤原)라는 성을 직접 하사(下賜)받습니다. 이로써 역사상 제일의 명문 가문인 후지와라 집안이 탄생한 거죠.

판사　그 유명한 후지와라 씨가 그렇게 탄생했군요.

나친절 박사　이후 그 후손들의 번영은 눈부실 정도인데,

교과서에는

▶ 일본 고대의 정치 개혁으로 소가 씨를 타도하면서 시작된 것이 다이카 개신입니다. 당의 율령제를 받아들여 중앙 집권 국가 체제를 만드는 계기가 되었지요.

특히 그의 둘째 아들 후지와라 후히토(藤原不比等)는 율령 편찬을 주도할 정도로 국가 발전의 중심적 역할을 하지요.

판사 나라의 근간이 되는 헌법과 같은 법률을 후지와라 집안에서 만들었다는 말씀인가요?

나친절 박사 그렇습니다. 후히토가 율령 편찬 작업을 총괄 지휘했지요. 다이호 율령과 요로(養老) 율령인데, 특히 다이호 율령은 실질적인 일본 고대 국가를 규율하는 기본법이라 할 수 있죠. 조선 시대로 말하면 『경국대전』과 같은 것이죠.

판사 그럼 후히토가 일본 고대 국가를 설계한 장본인이라 해도 과언이 아니군요.

나친절 박사 역시 법 전문가답군요. 메이지 유신 이후의 일본의 초대 수상을 지낸 이토 히로부미 같은 사람이라 할 수 있지요.

판사 한국에서 삼척동자도 알고 있는 그 사람 말인가요?

나친절 박사 예, 한국에서는 그가 원흉, 불구대천의 원수로 취급받지만, 일본 근대 헌법인 '메이지 헌법'(공식 명칭은 '대일본제국헌법')을 기초한 인물이지요.

판사 후지와라 집안이 막강한 정치력을 가진 건 당연한 것이었군요.

나친절 박사 후히토는 탄탄대로를 걷지요. 두 딸이 모두 천황과 결혼하는데 미야코(宮子)는 몬무(文武) 천황의 부인, 고묘시(光明子)는 쇼무(聖武) 천황의 황후가 되었어요. 특히 고묘시는 신하로서 처음으로 황후의 자리에 오릅니다. 이후 천황가의 외척으로 후지와라 가문은 정치적 출세를 보장받죠. 외척으로서의 후지와라 씨의 재탄생입니다.

판사   그럼 후지와라 가문이 일본에서 최초로 외척 정치를 시작했다는 의미인가요?

나친절 박사   그것은 아닙니다. 정치권력을 장악하는 가장 쉽고 빠른 방법은 천황의 외척이 되는 것인데, 자신의 딸들을 천황가와 2중, 3중으로 혼인시켜 권력 기반을 다진 소가 씨, 즉 소가 우마코(蘇我馬子)에서 시작됩니다.

판사   그럼, 소가 씨가 바로 외척의 효시군요.

나친절 박사   그렇습니다. ▶이후 후지와라, 다이라, 호조 가문 등이 외척으로서 최고 권력을 누렸죠. 결과적으로 이들 모두 소가 가문처럼 최고 권력자의 외척으로서 득세한 것이죠.

이대로 변호사   후지와라 씨의 외척 관계나 섭관 정치에 대해 좀 더 구체적으로 말씀해 주시지요.

나친절 박사   후지와라 가문은 후히토의 네 명의 아들 대에 넷으로 분열되어 각각 남가, 북가, 식가, 경가로 나뉘는데, 그중 북가가 세력을 얻어 섭정과 관백으로 정권을 장악합니다. 섭관 정치의 시작이지요. 북가인 후지와라 후유쓰구(冬嗣)와 요시후사(良房) 부자가 자신들의 딸을 천황과 결혼시켜 외척이 됩니다. 850년, 후유쓰구는 원래의 황태자 대신 자신의 손자를 몬토쿠(文德) 천황으로 즉위시키죠. 그 후 857년에 요시후사는 태정대신이 되고요.

이대로 변호사   몬토쿠 천황은 일찍 죽지 않나요?

나친절 박사   858년에 죽지요. 이어 요시후사의 아홉 살 된 손자가 세이와 천황이 됩니다.

이대로 변호사   세이와 미나모토(淸和原氏)의 유래가 되는 바로 그 천황이군요. 당연히 요시후사가 실권을 장악했겠네요.

나친절 박사   866년에 요시후사가 황족이 아닌 인물로는 최초로 섭정의 지위에 오르게 되지요. 섭정은 어린 천황을 보좌하는 역이지만 실제로는 천황과 같은 권한을 행사했지요.

이대로 변호사   앞에서 섭정은 어린 천황이 있어야만 한다고 하셨는데, 그럼 즉위한 천황들이 모두 일찍 죽나요?

나친절 박사   그런 게 아니고, 천황이 성년에 가까워지면 어린 자식에게 강제로 양위시켜 어린 천황을 계속 만드는 겁니다. 그래야 또 어린 천황의 섭정이 될 수 있으니까 말이죠.

이대로 변호사   대단하군요. 권력을 유지하기 위한 안간힘이군요.

나친절 박사   그래서 요시후사 부자 동안에 섭관 정치가 확립되는데, 무려 여덟 명의 천황이 교체되었지요. 아울러 이 와중에서 첫날 마사카도 증인이 말한 학문신이자 원령신인 스가와라 미치자네가 후지와라 가문의 정치적 희생양이 되었답니다.

판사   후지와라 가문이 스가와라 미치자네를 죽였다는 말인가요?

나친절 박사   북면 무사의 원조가 되는 무사들에게 궁궐을 경호하게 한 천황이 바로 우다 천황인데, 그는 성년이 된 후에도 관백을 두지 않고 친정을 하고자 스가와라 미치자네를 우대신에 임명하지요.

이대로 변호사   외척을 배척하기 위한 비장의 카드였던 셈이네요. 그렇다면 후지와라 가문의 반발도 만만치 않았겠는데요.

나친절 박사   후지와라 가문은 그를 제거하기 위해 온갖 음모를 꾸몄고, 결국 901년에 스가와라 미치자네는 규슈로 좌천되어 903년 그곳에서 죽게 됩니다. 그가 음모에 걸려 죽고 난 후, 도성에서 불길한 사건이 계속 일어났습니다. 백방으로 원인을 찾았으나 알 수 없었고, 결국 미치자네의 저주라고 생각했죠. 그래서 미치자네를 신으로 모시고 제사를 지내 그 원혼을 달래 주었습니다. 스가와라 원령신의 탄생이지요.

이대로 변호사   뭐니 뭐니 해도 섭관 정치의 전성기는 후지와라 미치나가(藤原道長) 시대 아닙니까, 어떤가요?

나친절 박사   1011년, 미치나가는 산조(三條) 천황에게 자신의 둘째 딸을 시집보냅니다. 1016년 산조 천황이 퇴위하자, 장녀와 이치조(一條) 천황 사이에 태어난 아이를 고이치조(後一條) 천황으로 즉위시키고, 여기에 셋째 딸을 다시 결혼시키지요. 다음 고스자쿠(後朱雀) 천황을 자신의 넷째 딸과 결혼시킵니다. 이처럼 몇 겹으로 천황가와 인척 관계를 맺어 권력을 강고하게 만든 인물이 바로 『겐지모노가타리』의 실재 모델로 알려진 미치나가입니다.

이대로 변호사   후지와라 씨의 섭관 정치는 언제까지 지속되나요?

나친절 박사   이 세상에 영원한 게 없는 것처럼, 마침내 후지와라 씨의 섭관 정치는 우연히 종지부가 찍힙니다. 아니 어쩌면 운명이라 표현해야 할지 모르겠군요.

판사 뭔가 후지와라 가문에 피치 못할 일이 생긴 거군요.

나친절 박사 하늘의 별도 딸 수 있고, 나는 새도 떨어뜨릴 수 있을 것 같던 후지와라 집안이었지만, 마음대로 안 되는 게 하나 있었지요. 바로 자식입니다. 섭관 정치의 전제가 되는 바로 다음 천황이 될 후지와라의 피를 이은 아들 말입니다.

이대로 변호사 결국 아들을 낳지 못한 거군요.

나친절 박사 미치나가처럼 2중, 3중의 관계를 형성해 천황의 할머니도, 이모도, 누나도, 사촌도, 부인도 모두 후지와라 가문인 상황에서, 후지와라 집안의 딸들이 다음 천황이 될 아들을 낳기 위해 열심히 노력했지만, 마침내 삼신할머니가 노했는지 아무 보람이 없었지요. 결국 다음 천황은 후지와라의 피가 흐르지 않게 되었지요. 그때가 1068년의 일입니다.

이대로 변호사 섭관 정치를 종결시킨 고산조(後三條) 천황을 말씀하시는군요.

나친절 박사 그렇지요. 이후 고산조의 아들인 시라카와 천황이 1086년, 갑자기 어린 아들에게 천황 자리를 물려주고 자신은 상황(원)으로서 원청(院廳)을 열어 천황을 후견하면서 정치의 실권을 잡는 새로운 정치 형태인 '원정'이 시작됩니다.

이대로 변호사 원정이란 정치 형태는 왜 나타난 겁니까?

나친절 박사 한마디로 원정은 후지와라 가문의 섭관 정치라는 사슬을 끊고 천황 집안 사람들이 직접 통치하기 위해 상황이 정치 실권을 장악한 것으로, 최초의 시라카와 상황 이후 100여 년 간 지속됩니다.

이대로 변호사 천황을 대신해 외척이 정치하는 섭관 정 치가 오랜 산고 끝에 천황을 제쳐두고 상황인 아버지가 정 치하는 원정으로 바뀐 거군요.

나친절 박사 그렇지요. '섭관 정치는 원정의 어머니'라고 할 수 있 지요.

이대로 변호사 그러면 원정은 어떤 문제가 있었고, 또 무사들은 왜 상경하게 되었나요?

나친절 박사 처음에는 전혀 문제가 없었지요. 문제는 어린 천황이 점차 성년이 되어 아버지와 권력을 다투면서 생긴 것입니다.

이대로 변호사 흔히 '권력은 부자간에도 나누지 않는다'고 하던데 바로 이 경우군요.

나친절 박사 한국에서도 조선 후기의 대원군과 고종 사이에 그런 일이 있었지요. 처음에는 아들이 아버지의 말을 따르지만, 점차 자 기 의지대로 정치를 하지요. 자기가 왕이니까 자신을 따르는 신하들 과 함께 자기 뜻을 마음껏 펼치는 거지요.

이대로 변호사 그럼 일본은 원정기에 이런 일이 벌어졌군요. 바로 '호겐의 난'이라 불리는, 아버지인 상황과 성년이 된 천황의 정치적 대립 말이에요.

나친절 박사 그렇긴 하지만, 일본은 법황과 상황, 상황과 천황의 황위 계승 다툼, 출생을 둘러싼 갈등, 그리고 귀족, 무사 집안 내부의 대립 등이 얽혀 훨씬 복잡합니다.

이대로 변호사   매우 복합적이군요. 간단히 정리해 주시겠습니까.

나친절 박사   도바 상황은 장남 스토쿠(崇德) 천황이 혹시 할아버지 시라카와 상황의 자식이 아닐까 의심하여 그를 강제로 퇴위시키고, 그 동생인 고시라카와 천황(원고)을 즉위시켰지요. 스토쿠는 어쩔 수 없이 상황이 되었지만 아버지에게 불만을 갖고 있었어요. 1156년 아버지가 죽자 스토쿠 상황이 고시라카와 천황을 퇴위시키려 하면서 형제간에 대립이 생겼고, 후지와라, 다이라, 미나모토 가문도 집안 내분으로 서로 다퉜지요. 양측의 대립 관계를 표를 보면 이렇습니다.

호겐의 난 관계도

천황 측	상황 측
고시라카와 천황(동생)	스토쿠 상황(형)
후지와라 다다미치(忠通)(형)	후지와라 요리나가(賴長)(동생)
미나모토 요시토모(義朝)(형)	미나모토 다메요시(爲義)(아버지)
다이라 기요모리(淸盛)(조카)	와 다메토모(爲朝)(동생)
	다이라노 다다마사(忠正)(숙부)

이대로 변호사   결국 서로 다른 목적을 위해 손을 잡고 일전을 벌이게 되었군요.

나친절 박사   천황 측의 미나모토 요시토모와 다이라 기요모리는

사누키
일본 가가와 현의 옛 지명입니다.

논공행상
공적의 크고 작음 따위를 논의하여 그에 알맞은 상을 주는 것을 이르는 말입니다.

상황 진영을 공격하여 그날로 승리를 거둡니다. 패한 상황은 **사누키**에 유배되지요. 그리고 승리한 천황은 아들(니조 천황)에게 자리를 물려주고 원정을 개시합니다.

이대로 변호사 이 난은 결국 미나모토 요시토모와 다이라 기요모리의 활약 속에 천황의 승리로 끝났군요. 그런데 왜 이 난을 '호겐의 난'이라 부르나요?

나친절 박사 1156이 '호겐(保元)' 원년이어서 '호겐의 난'이라 하지요.

이대로 변호사 호겐의 난에서는 서로 협력했던 요시토모와 기요모리 두 사람이 3년 후에는 왜 적이 된 겁니까?

나친절 박사 **논공행상** 때문이었지요. 호겐의 난 이후 고시라카와 상황이 기요모리만을 중용하자 이에 불만을 품은 요시토모가 1159년에 쿠데타를 일으켰습니다. 그 결과 상황은 유폐되었고, 천황도 반란군의 수중에 있어 언뜻 보기에는 유리했지요. 그렇지만 소식을 듣고 기요모리가 귀경해 천황과 상황을 구출했습니다. 요시토모는 도망가던 중에 살해당하죠. 그의 셋째 아들이 바로 피고석에 있는 요리토모입니다.

이대로 변호사 이번에는 미나모토 집안이 패배하고, 다이라 집안이 승리한 거군요. 이번 전란을 '헤이지의 난'이라 하는 이유도 연호와 관련이 되겠군요.

나친절 박사 그렇습니다. 1159년이 헤이지(平治)라 부른 첫해입니다.

이대로 변호사   다이라 집안의 승리로 끝난 이 두 전란은 어떤 결과

를 가져왔나요?

나친절 박사   고시라카와 상황과 다이라 기요모리 두 사람이 국정

을 장악하는 결과가 되었지요.

3 다이라 정권의 탄생

이대로 변호사   이쯤해서 증인을 신청하고자 합니다. 판사님, 다이라 기요모리를 불러 주십시오.

판사   증인은 나와서 간단한 자기소개와 함께 증인 선서를 해 주시길 바랍니다.

다이라 기요모리   나는 무사 최초로 태정대신이 된 다이라 기요모리라 하오.

판사   증인은 본 법정에서 진실만을 증언할 것을 맹세합니까?

다이라 기요모리   물론 맹세하오.

판사   위증에는 그에 상응하는 처벌이 있다는 사실을 명심하기 바랍니다.

다이라 기요모리   무사들은 무엇보다 명예를 가장 소중하게 생각하오. 걱정하지 마시오.

판사 피고 측 변호인, 그럼 증인 신문을 시작해 주세요.

이대로 변호사 미나모토와 다이라 가문이 역사의 중심 무대에 등장한 것이 호겐의 난인데, 그 당시 두 집안의 사정은 어떠했나요?

다이라 기요모리 무가의 동량으로 미나모토 가문은 동국에서 크게 세력을 떨쳤는데 조정이 당황할 정도로 미나모토 요시이에(義家)에게 토지를 바치며 보호를 요청하는 무사들이 많았소. 그러나 요시이에 이후에는 일족 간의 내분으로 세력이 조금 쇠퇴했지요.

이 틈에 원(院)과 결속해 발전한 게 우리 간무 헤이시(환무평씨)요. 특히 나의 할아버지 다이라 마사모리(正盛)가 미나모토 요시치카의 반란을 토벌하였고, 아버지 다다모리(忠盛)는 해적을 평정해 도바 상황의 신임을 얻었소. 그래서 우리 집안은 무사로서도 원의 **근신**으로서도 중용되었다오. 그리고 우리 다이라 집안을 비약적으로 신장시킨 것이 바로 나 다이라 기요모리이지요.

이대로 변호사 증인이 다이라 가문의 동량이 된 것은 언제부터인가요?

다이라 기요모리 1153년, 도바 상황의 측근으로 송과의 무역에 종사하면서 쌓은 재력과 **세토 내해** 해적을 거느리는 병력으로 다이라 씨 전성의 기초를 다진 아버지가 죽자, 나는 아버지가 남긴 재산과 병력을 계승해 다이라 가문의 동량이 되었소.

이대로 변호사 증인은 두 난을 통해 역사의 주역이 되었는데, 이

근신
임금을 가까이에서 모시던 신하를 가리킵니다.

세토 내해
일본 혼슈(本州), 규슈(九州), 시코쿠(四國)에 둘러싸인 바다를 이릅니다.

공경
공경 재상, 즉 삼공(三公)과 구경(九卿)을 비롯한 높은 벼슬아치를 통틀어 이르는 말입니다.

두 난을 평가한다면?

다이라 기요모리   한마디로 '호겐·헤이지의 난'은 귀족 정권을 몰락시키고, 무가 정권을 대두시킨 일대 사건이었소. 또 이를 통해 귀족 사회의 분쟁도 무사가 아니면 해결할 수 없게 되었지요. 당연히 무가의 동량으로서의 나, 기요모리의 지위와 권력은 급속히 높아졌다오.

이대로 변호사   정쟁도 무력이 아니면 해결이 안 되니 무사의 지위가 오르는 것은 두말할 필요도 없겠네요.

다이라 기요모리   대세가 그랬소.

이대로 변호사   당시의 사회적 상황이나 풍조는 어떠했나요?

다이라 기요모리   당시 매관매직의 풍조가 극에 달했고, 원이나 사원, 무사가 독자적으로 권력을 행사하는 등 권력이 분화되면서, 사회를 실력(힘)으로 움직이려는 풍조가 강했소.

이대로 변호사   그럼 이미 중세 사회의 서막이 열린 거 아닌가요?

다이라 기요모리   시대는 정통과 권위의 사회에서 힘과 실력의 사회로 방향이 바뀌었소.

이대로 변호사   마침내 다이라 씨의 세상이 열렸으니, 증인도 출세가도를 달렸겠군요.

다이라 기요모리   당연한 거 아니겠소. 나는 무사로서 처음 **공경**의 반열에 올랐고, 1167년에는 최고 관직인 태정대신의 자리까지 오르게 되었다오.

이대로 변호사   이후, 증인의 딸 도쿠코(德子)가 다카쿠라(高倉) 천

황의 중궁이 되어 천황의 외척이 되었고, 1180년에는 사
위가 상황, 손자가 천황이 되어 다이라 정권이 확립되었는
데, 다이라 정권의 의의는 어디에 있다고 생각하십니까?

다이라 기요모리   내가 세운 정권은 무사 정권의 원류로서 새로운
시대의 방향을 잡았고 또 그 첫발을 내디뎠다는 데 가장 큰 의미가
있다고 생각하오.

이대로 변호사   무사로서 최초로 정권을 수립했지만 결국 ▶막부를

중궁
왕비를 높여 부르는 말입니다.

반면교사
사람이나 사물 따위의 부정적인
면에서 얻는 깨달음이나 가르침
을 주는 대상을 이르는 말입니다.

세우지는 못했는데 그 이유는 무엇이라 생각하십니까?

다이라 기요모리　　글쎄올시다. 실패 요인이라면 역시 외척으로서 정권을 유지하며 권력을 행사한 소가나 후지와라 가문의 방식을 답습했던 것, 그리고 권력에 취해 잠시 나의 정체성을 잃어버린 게 문제였다고 생각하오. 아무리 내 몸에 천황가의 피가 흘러도, 나의 터전은 역시 무사의 동량 집안이오. 그런데도 귀족화했으니 무사들의 지지를 잃은 건 어쩌면 당연한 결과였다고 생각하오.

이대로 변호사　　결국 귀족 정권을 지향한 게 최대의 실패 요인이라는 말씀이군요.

다이라 기요모리　　'피는 못 속인다'고 비록 천황은 아니지만 명문 귀족으로 살고 싶었는지도 모르오. 하지만 무엇보다도 시대의 흐름을 잘못 파악한 탓이 크오. 이미 귀족의 시대를 지나 무사의 시대로 들어섰는데도 시대의 흐름을 역행하여 귀족 정권을 유지하려 했으니 말이오.

이대로 변호사　　다이라 정권은 가마쿠라 막부의 좋은 본보기가 되었다고 할 수 있지요. 소위 '**반면교사**' 말이에요. 마지막으로 하실 말씀이 있으시면 하시지요.

다이라 기요모리　　반면교사라 했소? 그렇구려. 그렇다고 내가 숙적 미나모토 씨 집안이 성공하길 바라기야 했겠소만……. 한마디를 남기자면 아무튼 새로운 시대를 열었음에도 한편으로 전통을 고집했고 현상 유지에 만족한 점,

▶ 원래는 왕을 가까이에서 지키는 장군의 집무실을 뜻하는 말이었지만, 이후에는 쇼군의 정부를 가리키는 말로 사용됩니다.

　　왜 일본에 사무라이가 등장했을까?

그리고 현실을 안이하게 인식했다는 점에서 안타깝소이다.

판사　원고 측 반대 신문 있습니까?

김딴지 변호사　예, 있습니다.

판사　그럼 진행하세요.

김딴지 변호사　다이라 집안은 일본을 대표하는 무사 집안이지요? 그런 뼈대 있는 무사 집안이라면 무사로서 바른 길만 가야 하는 게 아닙니까. 무사의 길이란 게 뭡니까? 주군에 대한 충성이 아닌가요. 그런데도 권력욕에 눈이 멀어 천황을 배반한 게 아닙니까!

다이라 기요모리　우리를 그렇게 만든 게 누군지 모르고 하시는 말씀이오. 순수한 무사들을 정치 무사로 만든 게 바로 천황가와 귀족들이오. 그들이 권력 투쟁, 귀족 집안 내부의 분쟁에 무사들을 끌어들이지 않았다면 어찌 우리가 정치판에 끼어들었겠소.

김딴지 변호사　증인은 앞서 다이라 가문의 멸망 원인을 말했는데, 한마디로 상황을 유폐시키고, 마음대로 자기 손자를 천황으로 옹립해 천황가를 욕보여 그 벌을 받은 게 아닙니까?

다이라 기요모리　나는 결코 천황가에 반역한 것이 아니오.

김딴지 변호사　반역이 아니라고요? 그러면 한 가지 더 묻지요. 헤이지의 난에서 피고의 아버지가 천황과 상황을 유폐했지요. 이건 반역입니까, 아닙니까?

다이라 기요모리　그야 물론 반역이지요. 그래서 내가 목숨을 걸고 구출한 거 아니오.

김딴지 변호사　그렇지요. 천황이나 상황을 유폐한 건 무조건 반역

다이라 기요모리   그렇긴 하오만, 나의 경우는 전혀 사정이 다르오. 피고 집안은 논공행상에 대한 불만으로 그랬지만, 나는 원고가 측근들을 동원해 우리 집안을 타도하려 했기 때문이오.

김딴지 변호사   혹시 정당방위라는 건가요?

다이라 기요모리   그렇소. 상황이 다이라 씨 타도 명령을 내렸기에 어쩔 수 없이 **자위권**을 발동했을 뿐이오. 나도 선조인 마사카도처럼 마음만 먹었다면 얼마든지 **역성혁명**을 단행할 수 있었고, 사실 그럴 만한 힘도 충분했소. 그럼에도 천황의 후손으로서 차마 그럴 수 없었던 것이오.

김딴지 변호사   지금 방금 혈연을 말씀하셨는데, 큰집이 어려울 땐 작은집이 나서 도와야 하는 거 아닙니까? 마음대로 자신의 외손자를 천황으로 옹립하다니, 이건 작은집이 큰집 행세를 한 것 아닙니까. 이게 찬탈이 아니고 뭡니까?

다이라 기요모리   무슨 말씀을 그리 하시오. 내가 역성혁명을 했소, 아니면 천황가의 명맥을 끊었소. 오직 허물어져 가는 조정을 대신해 국가의 경찰, 군대 역할을 했을 뿐이오.

김딴지 변호사   전국 30국 지배, 500개 장원 소유라면 도가 좀 지나친 거 아닙니까? 증인의 처남이 "다이라 씨가 아니면 사람이 아니다"라고 말할 정도니, 지배 계층의 책무를 너무 망각한 게 아닌가요? 달도 차면 기우는 법인데 어찌 다이라 정권이 지속되겠습니까? 이

자위권
위급한 침해에 대하여 실력으로서 방위할 수 있도록 하는 권리를 말합니다.

역성혁명
'성을 바꾸는 혁명'을 이르는 말로, 왕조가 바뀌는 것을 가리키지요.

상입니다.

다이라 기요모리   그 점만큼은 나도 후회막심이오.

판사   네, 지금까지 양측 모두 열띤 공방을 펼친 것 같습니다. 자, 어느덧 시간이 다 되었군요. 그럼 여기서 둘째 날 재판을 모두 마칩니다.

땅, 땅, 땅!

막부와 장군, 그리고 무사도의 유래

막부란, 원래 출정 중의 장군이 천막을 치고 그 안에서 군무를 결재하는 군영을 가리키는 한자말인데, 일본에서는 근위대장이나 정이대장군의 중국풍 명칭으로 사용되기 시작하여 점차 무사의 수장이 세운 정권을 나타내는 말이 되었습니다.

아울러 정이대장군은 본래는 동북 지방의 에미시를 토벌하기 위해 임시로 임명된 장군을 의미하였는데, 1192년에 미나모토 요리토모가 임명된 이후에는 점차 무사의 통솔자 지위를 나타내는 관직명이 되었지요.

역사상 정이대장군은 794년 오토모 오토마로(大伴弟麻呂)가 보임되었고, 이어 사카노우에 다무라마로(坂上田村麻呂)가 임명되었으나 811년 이후는 중단되었다가 1183년에 상경한 미나모토 요시나카(源義仲)가 단기간 임명되어 부활, 1192년 미나모토 요리토모가 임명되어 가마쿠라 막부를 개설함으로써 이후 막부의 수장의 직명을 나타내는 말이 되었고, 미나모토 씨(源氏)만이 임명되는 관례가 생겨 아시카가 씨, 도쿠가와 씨로 이어집니다.

무사의 생활은 간소하고 자신의 지위를 지키기 위해서도 무예를 연마하는 것이 중시되었으며 항상 야부사메(流鏑馬), 가사가케(笠懸) 등의 훈련을 하였지요. 그들의 일상생활 속에서 탄생한 것이 '무가의 관례', '병도(兵道)', '궁마(弓馬)의 도'라 불리는 도덕인데, 무용을 중시하고 주인에 대한 헌신, 일문·일가의 명예를 존중하는 정신, 부끄러움을 아는 태도 등을 특징으로 하는 것으로 후세의 무사도의 기원이 되었다고 할 수 있습니다.

다알지 기자

　　안녕하세요? 역사공화국 법정 뉴스의 다
알지 기자입니다. 오늘도 양측의 팽팽한 입장
차이로 긴장감이 감돌았는데요. 오늘 재판에서는
무사가 어떤 신분이었고, 그들이 어떻게 두각을 나타내기 시작했으며,
중앙에서 주목받게 되었는지, 그리고 중앙 무대에 진출한 다이라 집안
이 권력을 잡는 과정을 자세하게 알아보았습니다. 그러면 오늘은 양측
의 변호사인 김딴지 변호사와 이대로 변호사를 모시고 뜨거웠던 오늘
재판에 대한 소감을 들어 보도록 하겠습니다.

김딴지 변호사

충성스러운 북면 무사를 통해 사무라이는 천황이나 귀족의 시중을 드는 하인 신분에 불과하며, 다이라 정권은 한마디로 권력 찬탈이자 반역이라는 점을 밝혔습니다. 큰집이 힘이 없으면 작은집이 돕는 게 마땅한데도 오히려 큰집의 자리를 힘으로 차지해서야 되겠습니까? 이는 바로 인륜을 배반한 행위입니다. 그래서 한국이나 중국이 일본을 인륜도 도리도 없고, 부모 자식도 모른다고 하는 것입니다. 무사는 오직 주인에게 충성하고 봉사해야 하지요. 전통과 권위를 무시하고 힘의 논리로 지배하는 사회가 무사들이 추구하는 사회인가요? 맹자가 인(仁)이 아니면 적(賊)이고, 의(義)가 아니면 잔(殘)이라 했지요. 그래서 인도 의도 저버린 다이라 기요모리 집안이 끝내는 멸망하게 된 것이지요.

이대로 변호사

　다이라 기요모리의 반역이라니 천부당만 부당한 소리입니다. 오히려 위태롭게 흔들리는 천황을 지켜 주고 지탱시켜 준 것입니다. 무능한 조정을 대신해 군대 역할을 충실히 했을 뿐입니다. 시대의 흐름을 어찌 거역할 수 있겠습니까! 국가도 제 역할, 제 책임을 다해야 아랫사람에게 충성과 의무를 요구할 수 있는 겁니다. 그나마 천황가의 명맥이 유지된 것은 기요모리가 같은 피를 나눈 다이라 가문이라 최소한의 도리로 혁명을 안 했기 때문 아닙니까. 그리고 시대가 이미 힘의 시대, 무사들의 시대로 향하고 있었다는 점을 간과해서는 안 되지요. 도도하게 흐르는 역사의 물줄기를 어찌 기요모리 같은 한 개인의 힘으로 막을 수 있다는 말입니까. 불현듯 김딴지 변호사에게 '가는 세월 그 누가 막을 수 있나요……' 하는 노래를 들려주고 싶은 심정입니다.

일본의 역사가 담긴 유물

12천도 중 나찰천

인간 세상의 열두 하늘을 지킨다고 생각하는 신을 '십이천(12천)'이라고 합니다. 십이천은 수천, 풍천, 비사문천, 지천, 월천, 일천, 범천, 이사나천, 제석천, 화천, 염마천, 나찰천을 가리킵니다. 나찰천은 그중에서도 서남방을 지키는 신으로, 갑옷을 입고 백사자를 타고 오른손에 칼을 들고 있는 모습이라고 하지요. 사진 속 유물은 이 나찰천을 그린 그림으로 가마쿠라~남북조 시대인 13~14세기에 그려진 것입니다. 이 시기에는 일본 무가들이 가마쿠라에 새로운 정권을 수립해 강하면서도 사실적인 경향을 띤 문화를 발전시켰지요. 특히 불교 미술에서는 사실적이면서도 역동적인 표현이 강조된 것이 특징입니다.

연꽃과 백로

일본 무로마치 시대인 15세기에 2폭의 종이에 먹으로 그린 작품입니다. 앞선 시대와 달리 소박하고 조용한 형태를 띠는 것이 특징이지요. 이 시기에는 참선으로 자신의 본성을 깨닫는 불교 종파인 선종이 크게 유행하면서 정신적 깊이를 중시하였기 때문에 이런 형태의 그림이 많이 그려졌습니다.

사진 속 유물은 연꽃과 백로를 그린 것으로, 일본 특유의 형태를 잘 보여 줍니다. 일본의 수묵화는 중국과 우리나라 조선 초기 회화의 영향을 받으며 발전하다 점차 일본인의 감성과 절충적인 수묵산수화로 발전한 것이 특징이지요.

칠기 술병

옻칠을 한 나무 그릇이나 옻칠과 같이 검은
잿물을 입혀 만든 도자기를 칠기라고 하는데,
칠기로 만든 술병은 일본에서 흔히 볼 수 있
는 생활 용품 중 하나였습니다. 일본에서는
가구, 식기 등 다양한 생활 용품을 칠기로 만
들었기 때문이지요. 특히 15~16세기에는 포
르투갈 등과 칠기를 사고팔아 '칠기를 만드는
나라=일본'이라는 인식이 퍼졌습니다. 자연
스레 칠기를 의미하는 '자팡(japan)'이 일본을
가리키는 말이 되었지요.

검은 오리베 찻잔

1573년에서 1603년을 일본에서는 아즈치 모모야마 시
대라고 말하는데, 이 시기는 국내 통일이 완성되면서 권
력과 부를 거머쥔 권력자가 등장하는 시기이기도 합니
다. 특히 일본과 무역을 하던 포르투갈인을 통해 유럽의
문화가 유입되기 시작해 대규모의 성곽이 만들어지고,
내부 장식을 화려하게 하는 등 큰 영향을 주었지요.
또한 이 시기에는 막부의 우두머리인 쇼군들 사이에서
다도 모임이 유행했는데, 사진 속 도자기 찻잔처럼 독특
한 형태의 찻잔이 많이 애용되었답니다.

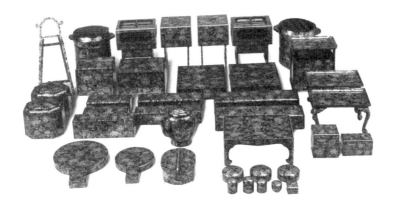

혼수 칠기 세트

에도 시대는 1603~1868년을 가리키며 막부를 오늘날의 수도인 도쿄 즉, 에도로 옮긴 시기를 가리킵니다. 당시 일본에서는 옻칠과 금, 은가루를 섞어 장식하는 특유의 기법이 발달하였는데, 이를 '마키에'라고 하지요.

사진 속 혼수 칠기 세트도 이 마키에 기법으로 만들어진 것입니다. 딸을 시집보낼 때 혼수품으로 칠기 세트를 마련하였는데, 여기에는 양쪽 집안을 상징하는 문양을 넣기도 하였지요.

출처: 국립중앙박물관(www.museum.go.kr)

최초의 무사 정권은 어떻게 탄생했을까?

1. 겐페이 전쟁과 가마쿠라 막부의 성립
2. 조큐의 난: 막부와 조정의 마지막 결판

겐페이 전쟁과
가마쿠라 막부의 성립

판사 　오늘은 마지막 날 재판입니다. 자, 그럼 '천황 대 장군' 재판을 시작하도록 하겠습니다. 어느 쪽부터 발언권을 드릴까요.

김딴지 변호사 　제가 먼저 시작하겠습니다. 오늘은 가마쿠라 막부의 성립이 권력을 찬탈한 반역이었고, 일본의 영원한 주인이 천황이라는 사실을 확인하게 될 것입니다.

이대로 변호사 　무슨 말씀을 그리 하십니까. 그러면 저는 무사 정권은 시대의 요청이었고, 또 일본 역사가 결코 천황의 전유물이 아님을 보여 드리겠습니다.

판사 　마지막 날인 만큼 양쪽 모두 벼르고 나오신 것 같군요. 공방에 앞서 겐페이(源平) 전쟁의 과정을 좀 확인하고 가지요. 나친절 박사의 도움을 받을까요?

겐페이 전쟁은 원평(源平) 전쟁이라고도 하며, 1180년부터 1185년까지 일본에서 벌어졌던 내전입니다. 이 전쟁에서 조정을 장악하고 있던 다이라 가문과 지방 세력인 미나모토 가문이 일본의 각 지역에서 전투를 벌였지요. 결국 미나모토 가문이 전국을 장악하고 가마쿠라 막부가 수립되었습니다.

김딴지 변호사   아닙니다. 저희 증인이 바로 겐페이 전쟁 승리의 주역이자 막부 성립의 일등 공신입니다. 미나모토 요시쓰네를 증인으로 불러 주시기 바랍니다.

판사   그럼 원고 측 증인 나와서 선서해 주시고, 간단히 자기소개를 해 주시길 바랍니다.

미나모토 요시쓰네   나, 요시쓰네는 진실만을 증언할 것임을 선서합니다. 나는 피고(장군)의 이복동생이자 유일한 혈육으로 겐페이 전쟁에 직접 참여했습니다.

김딴지 변호사   우선 최대 라이벌인 미나모토와 다이라 가문은 어느 지역을 기반으로 했나요?

미나모토 요시쓰네   원래는 다이라 가문이 동쪽을, 미나모토 가문이 서쪽을 기반으로 삼았지요.

은상
왕이 일의 성과를 치하하여 내리
는 상을 말합니다.

김딴지 변호사   그렇다면 언제부터 미나모토 가문이 동쪽을 기반으로 하게 되었나요?

미나모토 요시쓰네   1028년에 현재의 치바 지역에서 다이라 다다쓰네가 난을 일으켰는데, 그 진압에 참가하면서 동국으로 진출하는 계기가 되었지요.

김딴지 변호사   그래서 점차 동국의 중심 세력으로 성장한 거군요.

미나모토 요시쓰네   지금의 동북 지방에서 1051년과 1083년에 시작된 두 차례의 전란에 선조 미나모토 요시이에(源義家)가 동국의 무사를 이끌고 가 승리하면서 미나모토 씨는 동국 무사단과 주종 관계를 맺었고, 무가의 동량이 되었지요.

김딴지 변호사   동국 무사들의 마음을 사로잡아 동량이 된 특별한 계기라고 있었나요?

미나모토 요시쓰네   두 차례의 전란 동안 추위와 식량 부족 등 어려움을 겪으며 난을 진압했지만, 조정은 일족의 내분에 불과하다는 이유로 아무런 은상도 내리지 않았지요. 그러나 요시이에는 ▶전쟁을 함께한 부하들에게 자신의 재산을 털어 나누어 주었고, 그런 책임 있는 행동이 무사들의 마음을 산 거지요. 훗날 피고가 거병했을 때 미나모토 씨 깃발 아래 가장 먼저 달려온 이들이 바로 동국 무사들이었죠.

증언을 듣고 있던 이대로 변호사가 말을 시작했다.

교과서에는

▶ 일본의 영주들은 무사에
게 토지를 주었고, 무사들
은 무술 닦기에 열중하면서
영주에게 충성을 다하였습
니다.

이대로 변호사　　　주인으로서의 책임감이네요. 부하들을 아끼는 마음이 끔찍하군요.

미나모토 요시쓰네　　　이게 바로 무사 사회에서 주인 된 자가 해야 할 마땅한 도리라는 겁니다.

이대로 변호사　　　주인이 끝까지 책임을 지니까 부하들은 몸을 바쳐 충성하는 거로군요.

미나모토 요시쓰네　　　무사들의 주종 관계가 성립하는 대원칙, 바로 주인의 은혜·책임에 대한 종자의 봉사·충성의 관계죠.

이대로 변호사　　　그럼 다이라 가문과의 전쟁은 어떻게 시작됐나요?

거병
군사를 일으키는 것을 말합니다.

추토군
반란이 일어났을 때 이를 평정
하기 위해 파견하는 군대를 말
합니다.

미나모토 요시쓰네　　다이라 가문의 위세가 하늘을 찔러 '다이라 집안이 아니면 사람이 아니다'라고 할 지경에 이르자 다이라 가문 타도의 기운이 점차 무르익었고, 결정적으로 1179년에 원고를 유폐시키는 사건이 터졌지요.

이대로 변호사　　이에 원고의 황자 모치히토 왕이 다이라 씨 타도의 밀지를 무사들에게 내렸군요.

미나모토 요시쓰네　　그렇지요. 1180년 모치히토 왕의 명령을 받은 전국의 무사들이 일어났고, 나도, 형(피고)도 다이라 가문 타도의 기치를 올렸지요. 겐페이 전쟁의 시작입니다.

판사　　다이라 가문 타도의 거병을 원고의 황자인 모치히토 왕이 처음 시작했단 말이죠. 혹시 증인 목록에 들어 있지 않았나요. 모치히토 왕을 불러 생생한 증언을 듣는 게 좋을 것 같은데…….

김딴지 변호사　　그렇습니다만, 증인으로 예정됐던 모치히토 왕이 갑자기 일이 생겨 출석하지 못했습니다. 그래서 요시쓰네 증인을 먼저 요청한 겁니다.

판사　　그래요. 모치히토 왕이 다이라 가문 타도의 선봉이 된 특별한 이유라도 있나요?

미나모토 요시쓰네　　확실한 것은 황위 계승 싸움에서 기요모리가 지지하는 후보에게 패했기 때문이죠.

김딴지 변호사　　그렇군요. 이후의 싸움은 어떻게 진행되었나요.

미나모토 요시쓰네　　우선 이즈에 유배되어 있던 피고가 **거병** 후 관동을 지배하자, 기요모리가 **추토군**을 보내 다이라와 미나모토, 양군이 후지카와(富士川)를 사이에 두고 대치했습니다. 이때 처음으로 나는 형(피고)을 만나게 되었고요.

김딴지 변호사　피고의 군대가 직접 천황이 계신 수도로 진격한 건 아니군요.

미나모토 요시쓰네　그렇습니다. 피고는 거병 후 이즈에서 가마쿠라로 본거지를 옮겼고, 그 뒤에도 도성을 공격하지 않고 관동 지역을 지키는 데 힘썼습니다.

김딴지 변호사　그럼, 수도에는 누가 제일 먼저 입성했습니까?

미나모토 요시쓰네　1183년, 미나모토 요시나카(源義仲)가 입경했고, 다이라 씨는 쫓겨 규슈(九州)로 갔지요.

김딴지 변호사　이때 기요모리도 함께 내려갔나요?

미나모토 요시쓰네　기요모리는 1181년에 한 맺힌 유언을 남기고 죽었습니다. 자신이 헤이지의 난에서 승리한 후 패자의 자식들인 우리 형제(나와 피고)를 죽이지 않은 걸 뼈아프게 후회하면서 말이지요.

김딴지 변호사　그런데 최초로 입경한 요시나카는 왜 천하의 주인이 되지 못했나요?

미나모토 요시쓰네　요시나카는 원고와 대립해 그를 유폐시켜 버렸죠. 이에 피고가 나를 보내 그를 토벌하게 했고, 이후 나는 후쿠하라(현 고베)에 거점을 둔 다이라 씨를 내쫓고, 1185년 유명한 나가토의 단노우라 전투에서 다이라 씨 일족을 멸망시켜, 마침내 미나모토의 세상을 만들었지요. 실질적인 막부의 탄생인 거지요.

김딴지 변호사　그렇다면 피고는 언제 장군이 됩니까?

미나모토 요시쓰네   1190년, 피고는 대군을 이끌고 교토로 상경해 일본 전체에 대한 군사권과 경찰권을 손에 넣었지요. 1192년 원고가 죽은 뒤에는 '정이대장군'에 정식으로 임명되었고요. ▶공식적인 가마쿠라 막부의 성립이지요.

김딴지 변호사   그럼 다이라 가문 타도와 막부 성립의 일등 공신은 바로 증인이시군요.

미나모토 요시쓰네   그렇지요. 나의 활약이 없었다면 아마 막부도 없었을 겁니다.

교과서에는

▶ 지방 호족을 중심으로 무사단이 형성되어 항쟁한 결과, 미나모토 요리토모가 쇼군이 되어 가마쿠라 막부를 세웠습니다. 1192년의 일이지요.

김딴지 변호사   그런데 왜 피고는 동생인 증인을 죽음으로 내몬 겁니까?

미나모토 요시쓰네   지금도 그때 일을 생각하면 너무 분하고 원통해서 가슴이 떨립니다.

가마쿠라 막부를 세운 미나모토 가문의 수호신을 모신 곳입니다.

증인이 그때의 울분을 참지 못하겠는지 그만 눈물을 흘렸다. 그 분위기를 몰아 김딴지 변호사는 피고를 몰아붙였다.

김딴지 변호사   장군, 어찌 그럴 수가 있지요? 피를 나눈 형제를, 그것도 이 세상에 오직 하나밖에 없는 혈육을 말입니다. 피고는 피도 눈물도 없습니까?

이대로 변호사   김 변호사는 말을 삼가세요. 사정도 모르면서 왜 막말을 하는 겁니까. 다 그럴 만한 사정이 있단 말입니다.

김딴지 변호사   사정이라니요?

이대로 변호사   그야 명예욕에 사로잡힌 동생이 조정의 관직을 받은 것으로도 모자라 법황을 압박해 형을 죽이려 했으니까요. 그래서 피고는 어쩔 수 없이 동생을 추토하도록 명령을 내렸고요.

김딴지 변호사   그게 바로 권력을 위해 인륜을 저버리는 짓이지요. 그리고 조정의 관위를 받으면 집안의 영광이지, 어찌 죽을 죄가 된단 말입니까?

이대로 변호사　개인에게는 영광일지 몰라도 관직을 받는 것 자체가 천황의 신하가 된다는 것입니다. 결국 개인의 명예를 위해 형을 배반하고 집안을 판 것이 아니고 뭡니까!

김딴지 변호사　일본은 충의 나라입니다. 나라가 있고 개인(집안)이 있지요. 한국처럼 충보다는 효를 중시한 나라가 아니란 말입니다. 천황과 국가에 충성한 증인이 무슨 죄가 있습니까. 그리고 또 조정의 관직을 인정하지 않는 자체가 반역의 증거 아닙니까!

이대로 변호사　미나모토와 다이라 가문의 가장 큰 차이가 뭔 줄 아십니까? 미나모토 가문이 성공한 요인이 뭐라 생각하십니까? '지난 역사의 교훈을 배워라! 그렇지 않으면 실패다!' 바로 이 점을 잘 알았다 이 말씀입니다. 피고는 다이라 가문이 귀족이 되고 조정의 관위를 탐해 망한 것이라 생각했습니다. 그래서 교토에 살지도, 귀족이 되지도 않았습니다.

김딴지 변호사　그럼, 왜 원고에게 자신을 '정이대장군'에 임명하라고 요구했습니까?

이대로 변호사　그야 물론 막부의 정당성을 인정받기 위해서였죠. 앞서 피고가 조정의 관직을 부정했다고 했는데, 장군 칭호를 요청한 것 자체가 조정의 권위를 인정한 것이니 오히려 피고가 조정(천황)에 반역하지 않았다는 증거 아닙니까! 한 가지 더, 그런 충성스런 신하인 증인을 왜 원고는 나 몰라라 내친 겁니까?

김딴지 변호사　그건 또 무슨 억지입니까?

이대로 변호사　피고가 증인에 대한 추토 명령을 요청했을 때 그리도 쉽게 허락했으니 하는 말입니다. 자신에게 충성한 신하라면 책임지고 지켜야 하는 게 윗사람의 도리 아닌가요?

김딴지 변호사 그야 칼을 들이대고 협박하는데 원고로서도 어쩔 도리가 없었겠지요.

이대로 변호사 무사들이라면 결코 그렇게 하지 않았을 겁니다. 자기 신하도 지키지 못한 원고가 어찌 나라를 지킬 수 있고, 또 그럴 자격이나 있겠습니까! 원고는 피고에게 책임이란 게 뭔지 좀 배워야 할 것 같군요.

김딴지 변호사 피고는 주검이 된 동생의 목을 한 달 동안이나 방치했는데, 아무리 권력욕 때문에 동생을 죽였어도 시신만은 바로 거뒀어야 하는 게 인간의 도리 아닙니까?

이대로 변호사 그야 요시쓰네가 권력을 탐해 형을 배반했기 때문이지요. 결국 권력 투쟁에서 졌으니 도리 없는 것 아니요. 무사에게 패배는 곧 죽음이니까.

김딴지 변호사 증인은 오직 천황의 명을 따랐을 뿐인데, 충성도 죄란 말입니까.

이대로 변호사 사실 증인은 천황에게 농락당한 겁니다. 바로 '**이이제이(以夷制夷)**'지요. 증인을 이용해 피고를 제거하려는 원고의 **간계**에 놀아난 꼴이란 말입니다.

김딴지 변호사와 이대로 변호사는 한동안 열띤 논쟁을 벌였다. 보다 못한 판사가 나서서 제지하는 바람에 두 변호인은 머쓱해져서

논쟁을 멈추었다.

미나모토 요시쓰네　조정의 명을 어찌 거역하겠소. 무사에게는 오직 충성, 충성만이 있을 뿐이오.
김딴지 변호사　한 가지 피고에게 묻겠습니다. 일본인들이 당신과 동생 중 누구를 더 좋아할 것 같습니까?

　잠자코 재판을 지켜보던 피고 미나모토 요리토모 장군은 원고 측 변호인의 갑작스런 질문에 잠시 당황한 듯싶더니 곧 말문을 열었다.

미나모토 요리토모　그야 물론 나 아니겠소.
김딴지 변호사　착각하지 마세요. 피고의 동생을 진정한 영웅으로 생각하고 그리워하는 사람들이 훨씬 많습니다. 그 이유를 아시나요? 충신으로 억울하게 죽었기 때문이지요.
이대로 변호사　그야 패자에 대한 연민과 젊은 나이에 죽은 안타까움 때문 아니겠습니까!
김딴지 변호사　장군 집안의 골육상쟁이 결국 멸문을 부른 겁니다. 뿌린 대로 거둔다고 하지요. 천벌을 받은 거란 말이에요.
미나모토 요리토모　변호사 양반, 너무 지나치시구려. 나도 그 일만 생각하면 마음이 편치 않다오.

조큐의 난:
막부와 조정의 마지막 결판

판사   이번에는 막부와 조정의 마지막 일전에 대해 알아보도록 하겠습니다.

이대로 변호사   호조 요시토키를 증인으로 신청합니다.

판사   증인은 나와 선서하고 자기소개를 간략하게 해 주세요.

호조 요시토키   나는 피고의 처남으로 2대 집권(싯켄)이 되어 막부를 책임졌던 사람입니다.

이대로 변호사   증인은 어떻게 싯켄이 되었나요?

호조 요시토키   1199년에 피고가 죽자, 1202년, 그 아들 요리이에(源賴家)가 장군이 되었지요. 그러나 요리이에가 젊어 외가인 우리 호조 가문이 힘을 갖게 되었고, 나의 아버지, 도키마사(北條時政)가 집권으로 실권을 장악했지요.

이대로 변호사　왜 미나모토 장군이 지속되지 못했나요?

호조 요시토키　▶1203년에 요리이에가 죽고 동생 사네토모(源實朝)가 3대 장군이 되었으나 그도 1219년 조카에게 암살당해 미나모토 가문의 정통은 단절되고 맙니다. 이후 우리 집안이 막중한 책임을 안게 되었지요.

이대로 변호사　그래서 미나모토 가문의 적통이 없는 어지러운 상황에서 이를 기회로 1221년, 원고가 막부를 전복시키기 위해 조큐의 난을 일으켰던 거군요.

호조 요시토키　어이없게도 원고 측이 그런 무모한 생각을 했지요.

이대로 변호사　결과는 뻔했다는 말씀이네요.

호조 요시토키　강력한 막부군이 수도를 순식간에 제압하고 상황을 유배시켰죠.

이대로 변호사　미나모토 씨가 승리하고 다이라 씨가 패한 최대의 이유는 뭐라고 생각하나요?

호조 요시토키　그야 피고가 거병하자 동국 무사들이 지원한 결과지요. 그런데 ▶▶피고가 관동의 무사들을 결집시킬 수 있었던 것은 이 지역의 기풍을 잘 아는 누님 마사코의 역할이 컸음을 알아야 합니다.

김딴지 변호사　증인의 마사코 누님 말인데요, 남편(피고)이 죽은 후, 장남은 정치를 문란케 했다는 이유로 1203년에 제거하고, 2년 후에는 아버지마저 정권 탈취를 기도했

다는 명목으로 유폐시켰으니 육친에게 너무 냉혹했던 게 아닌가요?

호조 요시토키　누님인들 어찌 마음이 아프지 않았겠소이까? 다만 사를 버리고 공을 택한 것이지요. 조카와 아버지의 행동은 막부의 근간인 무사들의 결속을 해치는 일이었기 때문이오. 막부를 지키기 위한 누님의 쓰라린 선택이었소.

김딴지 변호사　앞서 증인은 막부 타도를 시도한 원고를 어이없다고 비웃었지만, 자식이 없던 3대 장군이 조카 구교에게 살해당했고, 구교도 처단되어 피고의 직계 남자가 하나도 없었다면 그야말로 뭔

어가인
'고케닌'을 가리키는 말로, 쇼군
과 주종 관계에 있던 무사를 뜻
합니다.

가를 시도할 수 있는 절호의 기회가 아니었을까요?

호조 요시토키   그게 바로 사태 파악을 못했다는 거요. 힘
도 없으면서 어찌도 그리 무모하게…….

김딴지 변호사   조큐의 난 때, 천황 측에 가담한 무사들도
14개국이나 되어, 초창기 막부에겐 최대의 위기였을 것 같은데요. 그
렇지 않았다면 마사코 부인이 왜 그리도 급히 **어가인**(御家人)들을 소
집했던 거지요.

호조 요시토키   내가 무모하다 한 것은 현실을 너무나도 몰랐다는
말입니다.

이대로 변호사   그건 상황이 명령만 내리면 언제라도 무사들이 달
려오리라 착각했다는 이야기죠. 상황이 신하에게 "요시토키와 운명
을 같이할 무사가 어느 정도냐"라고 묻자, 가신이 "1000명도 되지
않을 것입니다"라고 했다는데, 이는 당시의 귀족들이 얼마나 어설펐
는지를 단적으로 보여 줍니다. 결과는 보나 마나 아닌가요.

김딴지 변호사   전혀 그렇지 않아요. 난이 일어나자, 사실 많은 무사
들이 조정에 직접 칼을 겨누는 것을 두려워하며 동요했었지요. 만약
마사코의 연설이 없었다면 결과는 아무도 장담할 수 없었을 겁니다.

호조 요시토키   솔직히 많은 어가인이 조정의 군대가 출동했다는
소식에 크게 술렁인 건 사실입니다.

김딴지 변호사   그 이유가 뭐겠소? 실권은 막부가 쥐고 있지만, 나
라의 정통성은 천황에게 있기 때문이 아닙니까. 어찌 천황에게 칼을
겨눌 수 있었겠습니까. 증인도 이 점은 인정하시지요.

호조 요시토키   물론 쉬운 문제는 아니었습니다.

이대로 변호사   누님이신 마사코 부인은 어떤 연설을 했나요?

호조 요시토키   '인생 마지막 한마디'라며 무사들에게 호소했지요. 막부 창설 이래로 장군이 내린 은의(恩義), 조정에 의한 추토의 부당성 등을 말입니다.

이대로 변호사   반응은 어떠했나요?

호조 요시토키   이전 조정에서 받은 천대가 생각났는지, 누님의 말에 모두가 눈물을 흘리며 충성을 맹세했지요. 이로써 어가인들이 단단히 결속했고 대세는 이미 결정 났지요.

이대로 변호사   막부 측의 군세는 증인을 대장으로 하는 19만기(驥), 상대는 고작 1만 병. 전투는 막부 측의 일방적인 승리로 끝났군요.

김딴지 변호사   결과만 보면 그렇지만, 고토바 상황의 실책만 없었다면 결과는 전혀 달라졌을지도 모릅니다. 증인도 그 점은 인정하지요.

호조 요시토키   그렇소. 상황이 "만세일계 천황과 조정을 능멸하고 막부를 세워 나라를 어지럽힌 역적의 무리, 조정의 적을 타도하라!"는 토벌 명령만 내릴 것이 아니라 직접 실전에 참가했다면 승패를 알 수 없었을 것이오.

판사   역사에서 '만약에'라는 단어가 필요한가요, 아니면 뭔가 다른 사정이 있었던 건가요?

김딴지 변호사   그렇습니다. 증인은 조큐의 난 당시, 상황이 직접 출진했다면 어떻게 했을 거냐는 부하의 물음에 뭐라 답했습니까?

"그때는 항복할 수밖에 도리가 없다"고 답한 게 사실이지요?

호조 요시토키 지금 생각해도 아찔합니다. 그러나 한편으로 그게 바로 역사의 필연 아니겠소. 또 그게 현장에 있는 무사들과 책상 앞에만 있는 조정 사람들의 차이가 아닌가 싶습니다.

김딴지 변호사 증인은 천황이 "앞으로는 만사를 가마쿠라의 요구에 따르겠다"고 했는데도 오키 섬에 유배시켰죠. 아무리 승자라 해도 천황에게 너무 지나친 거 아닙니까?

호조 요시토키 조정은 더 이상 정치적 책무를 이행할 수 없다는 사

실을 분명히 보여 줄 필요가 있었소. 그때로서는 어쩔 수 없는 조치였어요.

김딴지 변호사　증인은 당신 집안인 호조 가문에 부정적 이미지가 강하다는 사실을 알고 있나요?

호조 요시토키　전혀 들은 바 없어요.

김딴지 변호사　미나모토 가문의 막부를 교묘하게 가로챘다, 막부 창설의 일등 공신이자 라이벌인 원로 어가인들을 가차 없이 처단했다, 또 조정을 지나치게 압박했다는 평가 말입니다.

이대로 변호사　모든 일에는 양면성이 있기 마련입니다. 약간의 부정적인 평가도 있지만, 위정자로서의 '집권'은 대체로 훌륭하지 않았나요?

호조 요시토키　합의제를 도입한 일이나 재판을 공정하게 한 일, 일반 서민에게도 마음을 써, 적어도 오직 자신들의 이익에만 급급했던 고대의 지배 계급인 귀족들과 달리, 선정을 베풀려 노력했던 것만은 틀림없는 사실이오. 또 권력을 장악했어도 무사답게 검소한 생활을 근본으로 삼았던 점도 자랑할 만하다고 여깁니다.

이대로 변호사　외척 호조 씨가 실권을 장악해 막부를 운영했는데, 가장 잘한 일을 든다면 무엇인가요?

호조 요시토키　가마쿠라 막부를 뒤흔든 두 개의 사건을 잘 극복한 일이지요. 1221년, 막부를 위기에서 구하고 조정보다 막부가 위에 있게 한 점, ▶건국 이래 최대의 위기라 할 수 있는 두 차례(1274년·1281년)의 몽고 침입을 막아 낸

교과서에는

▶ 일본은 1274년과 1281년에 원의 침입을 막아 내었습니다.

일이지요.

이대로 변호사   가마쿠라 무사 시대의 의의와 의미를 따져 묻는다면 뭐라 하시겠습니까?

호조 요시토키   가마쿠라 시대는 일본 역사상 매우 중요한 전환점이오. 이를 전후해 같은 일본인이라 할 수 없을 만큼 생활 습관, 의식 등에서 커다란 변화가 생겼어요.

이대로 변호사   몇 가지만 말씀해 주시지요.

호조 요시토키   무가의 풍습·관습이 일반에 퍼진 것은 물론, 일본인의 내면도 크게 변했지요. 내일의 목숨을 장담할 수 없는 우리는 자신의 감정을 자제하라고 교육받았소. '남자는 3년에 한 번 미소'라는 말이 있을 정도로 남에게 웃음을 보여서는 안 되었어요. 또 눈물을 보이는 것도 수치로 여겼지요. '일본인은 표정이 없다'는 말은 이래서 생긴 건지도 모릅니다.

　　종교계에도 큰 변화가 있었어요. 전쟁터를 누비며 늘 생명이 위험했던 무사에게 생과 사는 결코 피할 수 없는 명제였지요. 따라서 신앙이 깊고 진지하지 않을 수 없었지요. 그에 부응해 호넨(法然)이나 에이사이(榮西) 같은 명승이 나타나 우리들을 구제해 주었지요. ▶한마디로 불교가 대중화 되었다오.

이대로 변호사   가마쿠라 시대의 역사적 의의는 이후 메이지 유신까지 이어진 무가 정권·무사 사회의 원점으로서 의미가 있다고 하겠군요. 이상입니다.

판사   네, 지금까지 열띤 공방전을 펼치며 양측 모두 충

자신의 감정을 자제하는 것을 중시하고, 신앙을 진지하게 여겼던 무사들의 풍습은 일본인들의 내면에도 큰 영향을 주게 되었다요.

분한 이야기를 나눈 것 같습니다. 오늘 재판에서는 '겐페이 전쟁'과 일본 최초의 무사 정권인 가마쿠라 막부의 성립 과정, 그리고 천황과 막부의 마지막 결전인 '조큐의 난'에 대해 확인했습니다. 저와 배심원들 모두 양측의 주장을 충분히 고려하면서 공정한 판결을 내릴 것을 약속드립니다. 자, 그럼 이상으로 본 재판을 정리하는 게 좋겠습니다. 그럼 잠시 후 원고와 피고의 마지막 최후 진술을 듣겠습니다. 두 분께서는 준비해 주시길 바라면서 셋째 날 재판을 모두 마칩니다.

일본사의 시대 명칭과 수도

일본 역사의 시대 명칭은 매우 특이해서 신라 시대·고려 시대·조선 시대 (한국사)나 진·한 시대, 수·당 시대(중국사) 등과 같은 왕조(국가) 이름으로 구분해 부르는 것과는 전혀 다릅니다. 일본의 경우는 문화상의 특징(조몬, 야요이, 고훈), 야마토 국가 성립 이후에는 천황이 거주하는 수도(정치 중심지)의 위치(아스카, 나라, 헤이안), 무사 정권 막부의 위치 즉 권력의 소재지(가마쿠라, 무로마치, 아즈치·모모야마, 에도), 당시의 연호(메이지, 다이쇼, 쇼와, 헤이세이), 시대상·역사상의 특징(남북조, 전국시대)에 따라 구분해 부르지요.

이러한 일본사의 시대 명칭에는 한·중과 다른 일본사만의 특징이 그대로 나타나 있습니다. 그 특징은 천황을 중심으로 하는 역사의 이해라는 점, 달리 말하면 한국이나 중국과 달리 역성혁명이 인정되지 않았다는 점과 관련이 있다고 할 수 있지요. 그 결과로서 일본 역사에서 나라 이름, 즉 국가의 명칭은 오직 '일본'이라는 나라밖에 존재하지 않습니다.

한 가지 일본사의 시대 명칭 중 수도와 관련해, 아스카-나라-헤이안 시대로 이어지는 일본 고대의 시대 명칭은, 본 재판의 원고인 천황이 거주하는 장소, 즉 수도가 어디냐에 따라 붙여진 명칭이지요. 그러나 가마쿠라-무로마치-에도로 이어지는 이후의 시대 명칭은 모두 어느 특정 지역(무사 정권 소재지)의 명칭이지 결코 일본의 수도는 아니라는 점을 주의할 필요가 있어요.

일본에서 수도가 곧 천황이 거주하는 곳이기 때문에, 가마쿠라 시대에서

일본의 시대 명칭은 특이해서 왕조로 구분해 부르는 다른 나라의 경우와 전혀 다르답니다.

― 일본사의 시대 명칭 ―

문화상의 특징 - 조문, 야요이, 고훈
천황이 거주하는 수도 - 아스카, 나라, 헤이안
무사정권 막부의 위치 - 가마쿠라, 무로마치,
　　　　　　　　　　　　아즈치 모모야마,
　　　　　　　　　　　　에도시대
당시의 연호
　　- 메이지, 다이쇼, 쇼와, 헤이세이
시대상, 역사상의 특징 - 남북조, 전국시대

에도 시대에 이르는 무사 시대 700년 동안에도 수도는 역시 헤이안쿄 즉, 교토가 되는 것이죠. 그럼 이 수도가 언제 옮겨 가느냐 하면, 메이지 유신이 일어난 후인 1868년에 에도(지금의 도쿄)를 동경(東京) 즉, 도쿄라 지명을 바꾸고 천황이 교토에서 도쿄로 이사하게 되었고, 다음 해(1869년)에 공식적으로 도쿄를 수도로 지정합니다. 따라서 일본의 수도 교토는 794년에서 1869년까지 천 년이 넘도록 수도의 지위를 지키게 됩니다. 이는 일본인에게 천년고도 교토가 영원한 수도로 인식되는 이유이지요.

다알지 기자

안녕하십니까? 일본에 어떻게 무사가 등장하게 되었는지에 관한 3차에 걸친 재판이 모두 끝났습니다. 오늘은 이 열띤 재판을 정리하는 의미에서 여러 분을 만나 보도록 하겠습니다. 먼저 피고 측 증인으로 나온 호조 요시토키 장군을 만나 얘기를 나눠 보고, 이 소송을 건 원고에게 재판 과정이 만족스러웠는지 그 소감을 한번 들어 보도록 하겠습니다. 마지막으로는 가마쿠라 막부 최대의 위기를 구한 '최후의 연설'로 유명한, 미나모토 요리토모 장군의 마사코 부인에게 수많은 무사가 감동한 그 연설을 직접 들어 보도록 하겠습니다.

호조 요시토키

    법정에서도 이야기했소만, 후세의 일본인
들이 세계 1등 국민으로 평가받을 수 있었던
것은 천황의 나라였기 때문이 아니라, 무사의 나
라였기 때문이라 생각합니다. 일본인들이 정직하고
근면하며 책임감이 강하고 검소한 생활 태도를 지닐 수 있었던 것은
모두 다 700년에 걸친 무사들의 행동, 특히 지배자들의 솔선수범, 즉
노블리스 오블리제(noblesse oblige, 도덕적 책무)의 실천 때문이었다고 믿
습니다. 그리고 그 모범을 보인 게 바로 미나모토 장군이며, 또 장군 이
후 집권으로 막부를 책임져 온 우리 호조 집안이라 생각합니다.

고시라카와 천황

어느덧 세 번의 재판이 모두 끝났구려. 살아서 무사들에게 정치적 실권을 빼앗긴 것이 못내 억울해, 이렇게 세계사법정에 소송을 걸게 되었다오. '천황'은 4세기에 등장한 야마토 정권 이후에 메이지 유신을 거치고, 1945년에 이르기까지 누가 뭐래도 정치적 최고 지배자의 자리를 지켜왔소. 물론 오늘날까지도 '상징 천황'으로 국민들에게 존재하고 있지요. 이번 재판을 통해 그 실상을 만천하에 공개하게 되어 답답했던 심사는 좀 풀린 것 같소. 그러나 미나모토 요리토모 장군이 가마쿠라 막부를 만든 이후 무사가 실질적 통치자 역할을 해댔던 것은 결코 용납할 수 없는 일이오! 일본은 천황의 나라이니 말이오.

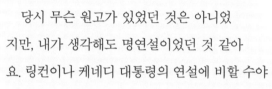

마사코

　당시 무슨 원고가 있었던 것은 아니었
지만, 내가 생각해도 명연설이었던 것 같아
요. 링컨이나 케네디 대통령의 연설에 비할 수야
없겠지만, 나의 연설이 막부를 구했으니 어쩌면 그 정도 가치는 있을
지도 모르지요. 아무튼 지금도 내 머릿속에 그대로 남아 있답니다.

　"나의 남편 요리토모 장군이 조정의 간신들을 몰아내고 이 나라를
바로 세우고자 막부를 연 지 벌써 30여 년, 어가인을 비롯한 여러분이
모두 힘을 합쳐 싸우지 않았다면 결코 오늘은 없었을 거예요. 그런데
장군께서 널리 은혜를 베풀어 주셨기에 여러분의 오늘 또한 있는 게
아닙니까. 여기 모인 분들 중 그 은혜를 입지 않은 분이 있으면 앞으
로 나와 보세요! 이제 와 은혜를 저버리고 우리를 압박하는 조정의 간
신배들과 싸우지 않는다면 그대 무사들이 천금보다 소중하게 여기는
의리란 대체 어디 갔단 말인가요? 적에게 갈 사람은 지금 당장 떠나세
요. 명예와 의리를 소중히 여기는 사람은 여기 남아 장군을 위해 싸워
주세요!"

일본인의 꿈 이야기

1. 일본인의 길몽 베스트 3

그해의 첫 꿈은 일 년간의 운세를 좌우한다고 하는데, 일본인들은 행운을
가져다주는 가장 좋은 꿈, 즉 길몽으로 첫째 후지 산, 둘째 매, 셋째 가지를 듭
니다. 왜 그럴까요? 그 이유에는 두 가지 설이 있습니다.

하나는 후지·매·가지는 모두 도쿠가와 이에야스의 출신지인 현재의 시즈
오카의 명물이기 때문입니다. 그래서 이런 것들을 꿈에서 보면 이에야스처럼
입신출세할 수 있다고 전해지기 때문이라는 설이지요.

다음은 세 가지 모두 원수 갚는 것과 관련이 있다는 것입니다. 후지는 소가
(曾我) 형제가 후지 산 기슭에서 아버지의 원수를 갚았고, 매는 충신담으로 유
명한 아카호(赤穗) 무사들의 주군 아사노가(淺野家)의 문양이 매이기 때문에
주인의 원수를 갚은 47인의 복수를 가리키고, 가지는 와타나베 가즈우마(渡邊
數馬)가 동생의 원수인 가아이 마타고로(河合又五郎)를 물리친 이가(伊賀) 지역
의 명산품이라고 합니다.

어느 경우이든 간에 일본인에게 좋은 꿈은 최고의 무사나 싸움에서의 승리
와 관련된 소재라는 점에서 역시 일본인은 무사의 후손이라 할 수 있을 것입
니다. 아울러 일본인들은 좋은 꿈을 꾸고 싶으면 칠복신이 보물선에 타고 있
는 그림을 베개 밑에 두고 자면 효과가 있다고 믿습니다.

2. 꿈 사고팔기

삼국 통일의 주역 김유신의 여동생 문희와 보희가 서로 꿈을 사고팔아 결국 언니의 꿈을 산 동생 문희가 김춘추와 결혼하게 되었고, 훗날 문희가 꿈 덕분에 왕비가 되었다는 이야기는 우리에게 잘 알려져 있지요.

그런데 이와 거의 유사한 이야기가 일본에도 있습니다. 바로 미나모토 요리토모 장군의 부인 마사코의 이야기입니다. 마사코의 여동생이 기묘한 꿈을 꾸었는데, 마사코는 그 꿈이 길몽이라는 점을 곧바로 알아차리고 동생에게 일부러 그 꿈은 재앙을 불러올 꿈이라고 속여서 동생으로부터 꿈을 샀지요. 덕분에 마사코는 미나모토 요리토모와의 인연이 생긴 것이라고 합니다. 훗날 요리토모는 장군이 되었고, 마사코는 장군의 부인이 되었지요.

결국 문희와 마사코가 산 꿈은 퍼스트 레이디, 즉 왕비와 장군의 부인이 되는 꿈이었답니다.

야마토(일본)는 천황의 나라요
VS
당치도 않은 소리! 일본은 무사의 나라요

판사　여기까지 달려오시느라 원고 측도, 피고 측도, 그리고 배심원 여러분도 모두 수고가 많으셨습니다. 아울러 특히 이번 재판에 지대한 관심을 가지고 입추의 여지없이 방청석을 메워 주신 방청객 여러분께도 감사드립니다. 마지막으로 원고와 피고를 모시고 최후 진술을 들어 보도록 하겠습니다.

고시라카와 천황　일본은 천황의 나라이자 신의 나라요. 천황의 생일이 공휴일로 지정되어 있다오. 이 지구상에 최고 지배자나 누군가의 생일에 쉬는 나라가 어디 있소. 이웃 나라인 한국만 보더라도 다른 나라의 성인인 예수나 부처 탄생일만 공휴일로 정해 쉬지 않소. 그러나 일본은 두 날 모두 휴일이 아니오. 대신 12월 23일(현 천황), 4월 29일(쇼와 천황), 11월 3일(메이지 천황)이 휴일인데 모두 천황의 생일이기 때문이라오. 이는 곧 천황=신이라는 뜻이 아니겠소.

한반도나 중국 대륙에서는 수많은 나라가 흥망성쇠를 거치면서 오늘에 이르고 있지만, 국호 즉 '일본'이라는 나라 이름은 '야마토'에서 '일본'으로 바꿔 부른 후, 아직까지 단 한 번도 바뀌지 않은 특이한 나라요. 이 또한 지구상에서 유례가 없는 일이라오. 그 이유야, 나라의 주인은 오직 신의 후손인 천황가라는 의식이 지배적이기 때문 아니겠소.

한 나라를 상징하는 문양이 담긴 깃발을 국기라 하오. 우리의 국기를 이름하여 '일장기(日章旗)' 혹은 '히노마루(日丸)'라 하오. 이는 '해 모양의 깃발' 혹은 '둥근 해'라는 의미요. 붉은 원은 '태양'을 상징하는 거요. 우리 일본인에게 있어 태양이 무엇이오. 다름 아닌 천황 및 천황가의 조상신인 위대한 '아마테라스 오미카미'라는 태양신이 아니겠소. 이제 국기에도 국호인 일본에도 왜 해(日)가 들어 있는지를 이해할 것이오.

마지막으로, 모든 나라에는 초등학생 이상이면 누구나 다 알고 또 잘 부를 수 있는 노래가 단 한 곡은 있을 것이오. '국가'말이오. 우리 국가를 '기미가요(君代)'라 하오. '그대의 세상은 천년이고 만년이고……(모래알 같은) 작은 돌조각이 큰 바위가 될 때까지……' 하는 노래인데, 바로 천황의 세상이 영원하길 간절히 기도하고 기원하는 노래라오. 어찌 천황의 나라가 영원하지 않을 수 있겠소이까.

미나모토 요리토모 장군　　권력은 부자간에도 나누지 않는다는 말이 있소. 그럼에도 나는 천황(조정)의 권위를 인정해, 조정과 막부라는 동서 두 개의 정권을 유지한 것이오. 비록 우리 미나모토 집안이 신하였지만 어찌 피를 속이겠소. 하여 후세의 막부들이 집안을 둘로 분열시키고, 법으로 꼼짝할 수 없도록 옥죄이고 구속한 것과 다르게 그 권위를 인정해 줬소.

내 몸에 흐르는 천황가의 피를 어쩔 수 없었기 때문이오. 그걸 부정하는 것은 바로 나의 근본을 부정하는 것이니 말이오. 하지만 한편으로 아무리 천황가의 피가 흐르고 있다 해도 내 성씨가 뭐요, 미나모토 아니요. 그래서 다이라 마사카도처럼 천황가와는 전혀 다른 집안이라 주장할 수도 있소. 솔직히 역성혁명을 한 번도 생각하지 않았다면 그건 거짓말일 것이오. 그래도 본가에 대한 도리, 의리를 소중히 여겼기 때문에 뿌리마저 버릴 수 없었소. 그리고 또 기요모리를 보시오. 그는 천황가의 황위 계승마저 마음대로 하지 않았소. 나는 결코 본가인 천황가의 황위 계승에 관여한 바가 전혀 없소. 이게 바로 내가 본가에 '의'를 지킨 것이 아니고 뭐겠소. 맹자가 불인(不仁)이면 적(賊)이고 불의(不義)면 잔(殘)이라 하지 않았소이까. 의를 지켰는데 어찌 반역이라 하겠소. 오히려 본가인 천황가를 지킨 나는 비난이 아니라 감사를 받아야 마땅하다 생각하오.

원고는 일본은 천황의 나라다 주장했소만, 지나가는 사람들에게 일본을 대표하는 정신이 뭐냐고 물어보시오. 한결같이 '무사도'로 대표되는 '사무라이 정신'이라 할 것이오. 또 일본을 상징하는 전통문화나 예능은 어떻소. 일본 하면 모두 다도와 화도(꽃꽂이), 분재를 떠올리고, 노와 교겐과 가부키를 생각하지 않소이까. 이 모두 700년

간의 무가 사회가 만들어 낸 문화가 아니면 뭐란 말이오.

그리고 중요한 연중 행사는 모두 무사 사회의 전통과 관습, 가치관이 그 모태요. 일본을 상징하는 스포츠 국기(國技)를 보시오. 축구도 야구도 아닌 바로 '스모'요. 이 스모는 생과 사, 승자와 패자라는 무사들의 전쟁과 삶을 그대로 반영한 것이라 할 수 있고, 세계의 많은 사람이 함께하는 검도와 유도, 궁도도 원래는 무사들의 상징이자 무기인 칼(도검)과 궁마(弓馬)의 도, 그리고 상대를 공격해 이기기 위한 전투 기술에서 유래한 것이오. 이 모든 것이 일본인이 사무라이의 후예임을 말하는 증표임을 알아주었으면 하오.

판사   양측의 최후 진술을 잘 들었습니다. 배심원들이 제출한 평결서와 그간 재판 과정에서 제출된 증거와 증언, 참고인의 의견 등을 종합적으로 참고하여 4주 후에 현명하고 타당한 판결을 내리도록 하겠습니다. 여러분 각자 나름의 판단으로 이번 천황과 장군의 재판에 대해 바르고 현명한 판결을 내려 보시길 바랍니다. 이상으로 모든 재판을 마치도록 하겠습니다.

땅, 땅, 땅!

역사공화국 세계사법정 재판 번호 23
고시라카와 천황 VS 미나모토 요리토모 장군

주문

역사공화국 세계사법정은 천황이 장군을 상대로 한 이번 소송의 청구 내용에 대해 일부 내용은 인정하는 바이나, 기타 더 많은 사항이 타당치 않다고 판단되므로 이를 기각한다.

판결 이유

1. 명예 훼손 건

아무리 무사 시대로의 전환이 시대적 흐름이었다 해도, 피를 바꾸거나 버릴 수는 없는 법, 천황가의 후손으로 막부를 세움으로써 스스로 종가·본가의 권위와 오랜 전통에 기초한 정통성·역사성을 무시하는 결과를 초래했다. 이 점에서 피고는 본가인 천황가의 명예를 훼손한 것으로 판단된다.

2. 반란·반역의 건

장군(막부)도 일본이 천황의 나라라는 점을 인정한 위에서, 자신의 근거지인 동쪽에 정권의 소재지를 마련한 점, 천황(조정)의 권위를 인정해 서쪽을 지배하도록 한 점, 다이라 마사카도가 '역성혁명'을 시도

했던 것과는 달리 천황가 자체를 부정하지 않은 점, 최고 지배권을 상징하는 '장군'이라는 칭호를 조정에서 직접 하사받은 점 등에서 반역이라 할 수 없다.

3. 역사의 주인을 가리는 건

일본 역사의 진정한 주인이 누구냐를 판단하는 기준 및 근거는 최후의 승자가 누구냐 하는 것도 중요하지만, 역사를 '과거와 현재의 대화'라는 관점에서 보면 당연히 역사적 유산을 이어받은 오늘날의 일본 국민에게서 찾아야 할 것이다.

이런 점에 비추어 국호, 국가(國歌), 국기(國旗), 연호의 문제나 국기(國技), 전통 문화, 연중 행사, 예의범절, 민족정신, 가치관 등등, 그간 재판 과정에서 제출된 증거와 증언, 참고인의 의견, 최후 진술을 종합적으로 판단하건대, '천황의 나라'에서 '무사의 후예'로 살고 있는 사람들이 바로 오늘의 일본인이라 할 수 있다. 결국 천황과 장군은 일본인들에게는 마치 육체와 정신처럼 서로 분리·독립할 수 없는 동전의 양면과 같은 존재라 할 수 있다. 따라서 양자의 우열을 가리는 것은 현재로서는 칼로 물을 가르는 것과 같다고 보는 것이 본 법정의 판단이다.

역사공화국 세계사법정 담당 판사 정역사

"천황을 상대로 소송을 하신다고요?"

여기는 역사공화국 명변호사 김딴지 변호사 사무실.

지금까지 그는 오직 역사상의 패자들을 위한 재판만을 맡아 왔다. 변호사가 된 이후로 오늘까지 그들의 한을 달래 주는 일을 커다란 보람으로 삼고 살아온 김딴지 변호사는 이번 '천황과 장군'의 재판만큼은 승소를 확신했다. 의뢰인이 바로 천황이었기 때문이다. 그런데 예상과 달리 결과는 일부 승소에 그쳐 아쉬움이 너무 많아 지금도 그렇게 된 원인이 무엇인지를 찾느라 골몰하고 있다.

"왜, 반타작이었지? Why not?"

몇 날 며칠을 고민하고 생각한 끝에 마침내 그 해답을 찾았다. '지피지기면 백전백승!'

"역시 그거였어!"

이번 재판을 도와준 일본인 우키다 변호사, 그는 천황의 선조인 간무(桓武) 천황의 외가가 바로 한반도에서 건너온 도래 백제인 집안이니 당연히 천황의 몸에도 그 피가 흐르고 있다느니, 등등의 말로 김딴지 변호사를 설득했다. 게다가 우키다 변호사 자신이 '천황 폐하의 충실한 신민(臣民)'이라 자처하는 그의 말을 지나치게 믿어 버린 것이 가장 큰 원인이라는 결론이었다.

"그렇지. 함께 재판을 준비하는 동안 나도 모르게 그에게 세뇌를 당한 게 틀림없어!"

"'지피지기면 백전백승'이라 했어. '부지피하고 부지기면 백전백패.' 그렇다면 '나만 알고 상대를 모르면 백전오십승'인 셈이군."

한마디로 상대인 무사들에 대한 공부가 너무 부족했음을 깨달은 것이다. 그래서 김딴지 변호사는 스스로에게 다짐한다.

그래, 그래. 무사들＝사무라이들은 지방 출신 촌놈들이고, 아는 거라곤 힘만 쓸 줄 아는 그런 교양 없고 무식한 존재로만 취급했던 거야. 그래서 재판 중, 그 잘난 체하는 이대로 변호사에게 '공부 좀 해라!'는 핀잔 아닌 무시를 당한 거야.

생존을 위해 밤낮으로 자신을 단련하고 절제하면서 힘을 키웠던 그들이었어.

실력 지상주의!

그래, 다음 의뢰가 있을 때까지는 오직 '열공(열심히 공부한다)'이다!

완전 정복 일본 무사! 완전 극복 사무라이!

오늘도 하루 종일 사무라이에 관한 책을 잔뜩 쌓아 둔 채 독서 삼

매경에 빠져 있는 김딴지 변호사. 어느덧 퇴근 시간이 다 되어 읽던 책들을 정리하고 막 사무실을 나가려던 순간, 전화벨이 울린다.

따르릉, 따르릉!

"저 우키다 변호사입니다."

"아, 변호사님, 무슨 급한 일이라도?"

"예, 중요한 소송을 하나 부탁드리려고요."

"아니, 또 저에게 사건 의뢰라고요. 이번에야말로 직접 하시지 않고요."

왜 일본에 사무라이가 등장했을까?

"실은……. 이번에도……. 천황 폐하에 관한 소송이라서……. 저는 좀 곤란합니다."

"아니, 그렇다면 더욱더 우키다 변호사님이 맡으셔야죠."

"그게, 그럴 수가 없어서. 이번엔 바로 천황 폐하가 피고란 말입니다."

"뭐, 뭐라고요? 아니, 천황을 상대로 소송이 걸렸다고요?"

"바로, 그렇습니다."

"놀랍군요."

"이제 잘 아시겠죠. 누구보다도 천황을 지지하는 제가 못 하는 이유를."

"태평양 전쟁에서 패한 후 미군정하의 '도쿄 전범 재판'에도 서지 않은 게 천황 아닙니까?"

"그렇지요."

"그런데, 도대체 누가? 혹시 한국의 시민단체인가요?"

"아닙니다. 도쿠가와 요시노부(德川慶喜) 장군입니다."

"그 장군이라면 바로 에도 막부의 마지막 장군이잖아요."

"그렇다니까요."

"그래요? 어쩐담……. 음, 좋습니다. 일단 의뢰인을 한번 만나 보도록 하지요."

"감사합니다. 변호해 주시는 걸로 알고, 나중에 요시노부 장군께 변호사님 사무실로 찾아가시도록 하지요."

"그럼, 기다리고 있겠습니다."

며칠 후, 도쿠가와 요시노부 장군이 아무런 예고도 없이 김 변호사의 사무실을 방문했다.

"조금 걱정입니다."

"뭐가 말이오?"

"만약 변호를 맡으면 아무래도 천황에게 불리한 내용을 이것저것 말하지 않으면 안 돼서."

"그야 당연한 거 아니요."

"혹시 천황에 대해서는 그 어떤 것도 터브(금기)가 아닌지요. 특히 그 출자나…… 무엇보다도 전쟁 책임에 대한 언급 말이에요. 천황의 전쟁 책임을 언급하다 저격을 당한 나가사키 시장의 사례도 있지 않습니까?"

"그런 일도 가끔 있긴 하지요."

"그래서 좀……."

"내가 듣자니, 요새 무사들에 관한 공부로 여념이 없다던데, 나를 변호하기로 이미 마음먹은 것 아니었소. 우선, 고맙소이다."

"아니, 아직 완전히 마음을 정한 건 아니라서……. 그걸 어떻게 아셨는지?"

"아무튼 우리 잘해 봅시다. 그리고 한국인으로서 지난 재판에서 천황의 입장을 변호해 여기저기서 비난의 목소리도 있다던데, 이번 기회에 그런 비난도 말끔히 잠재울 겸해서……."

"사실 저도 그 소리가 마음에 좀 남아 있긴 합니다만."

"힘내시오. 무엇보다도 당신의 사명인 억울한 영혼을 하나라도 더 달래 주고, 또 숨겨진 역사의 진실을 파헤치기 위해서 그 정도의 위험이나 비난은 기꺼이 감수해야 하지 않겠소. 아무튼 영상 자료를 하나 준비해 왔소. 그러니 일단 보시고 내 얼울함이 이해되거든 연락 주시오. 기다리겠소."

도쿠가와 요시노부 장군은 김딴지 변호사의 말은 들을 생각도 없다는 듯 CD 한 장을 툭 던져 주고는 가 버렸다.

잠시 후 김딴지 변호사는 정신을 수습한 뒤 컴퓨터에 CD를 꽂았다. 그리고 시선을 컴퓨터에 고정한 채 의자 뒤로 물러나 앉았다.

승자 메이지 천황 VS **패자** 도쿠가와 요시노부 장군

시대는 에도 막부 말기. 1853년 흑선의 출현, 사쓰마와 영국의 전쟁, 조슈의 양이 실행, 서양 연합군의 시모노세키 포격, 축 요시노부 장군 취임, 경축 메이지 천황 즉위, 1867년 10월 대정봉환, 12월 왕정복고의 대호령, 1868년 메이지 유신, 보신전쟁…….

가까운 나라, 일본

일본의 국기

우리와 이웃해 있는 나라 일본은 홋카이도, 혼슈, 시코쿠, 규슈를 중심으로 이루어진 섬나라입니다. 6000개가 넘는 섬으로 이루어져 있으며, 총 면적은 약 37만 km²가 넘습니다. 일본어로는 '니혼' 또는 '닛폰'이라 하고, 영어로는 'Japan'으로 표기하지요. 수도는 도쿄이고, 일본어를 사용합니다.

4세기 초 통일 국가가 세워졌고, 1615년 도쿠가와 이에야스가 전국을 통일했지요. 이후 무사들이 정치의 전면에 나서는 시기도 있었습니다. 그러다 1868년 메이지 유신으로 막부 정치가 끝나고 천황 중심의 중앙집권적 통치 제도를 확립, 근대 자본주의를 본격적으로 도입하기 시작했습니다. 현재 일본에는 상징적인 역할을 하는 일본 천황과 국민의 선거로 이루어지는 국회가 공존하고 있습니다.

우리나라와는 가까운 거리만큼이나 아주 많은 연관을 맺어온 나라이기도 합니다. 그중에는 '임진왜란'과 같은 안 좋은 일도 있었지요. 임진왜란은 1592년 일본이 조선을 공격하면서 시작되어 1598년까지 이어진 전쟁입니다. 또한 한반도가 일본의 강압적인 지배를 받았던 시기도 있었지요. 1910년부터 1945년까지 우리나라는 일제의 손아귀에서 고통을 겪어야 했습니다. 이런 역사는 절대 되풀이되어서는 안 될 역사일 것입니다.

일본은 제2차 세계 대전과도 깊은 관계가 있는데, 히로시마에 가면 그 역사도 살펴볼 수 있습니다. 바로 '원폭 돔'이 있기 때문입니다. 제2차 세계 대전 때 히로시마는 일본 육군의 근거지이자 해군의 근거지이기도 했습니다. 그래서 전쟁 당시 원자폭탄의 폭격을 받게 되었지요. 원자폭탄의 투하로 수많은 사람이 목숨을 잃고, 모든 건물이 파괴되었습니다. 일본에서는 이러한 역사적 사실을 기억하기 위해 '히로시마 평화 기념 공원'을 만들고, 파괴된 자리에 원폭 돔을 만들었답니다. 현재 히로시마는 일본에서 11번째로 많은 인구가 살고 있는 곳이 되었지요.

히로시마의 원폭 돔

일본은 섬으로 이루어진 나라인 만큼 해양의 영향을 크게 받는 기후적 특징을 띕니다. 두 번째로 큰 섬인 홋카이도 역시 마찬가지지요. 홋카이도는 일본의 가장 북쪽에 위치하며 그만큼 위도가 높아 겨울에는 아주 춥습니다. 눈이 많이 오는 곳이라 홋카이도에 있는 삿포로에서는 눈 축제가 열리기도 합니다.

　　일본에는 많은 신사가 있는 것으로도 유명한데, 신사란 일본의 신앙에 근거해 만들어진 종교 시설입니다. 지금은 참배용으로 사용하기도 하지만, 원래는 신을 모시는 제사의 용도로만 사용되었지요. 이 중 '신궁'이라는 것이 있는데, 신궁은 역대 일본 왕을 기리는 신사입니다. 메이지 신궁은 일본의 시부야에 있는 신사로 제122대 왕인 무쓰히토(메이지)와 왕비가 사망한 뒤 그들을 기리기 위해 지어진 것입니다.

삿포로 시에 있는 시계탑

메이지 신궁

『역사공화국 세계사법정 23 왜 일본에 사무라이가 등장했을까?』와
관련한 논술 문제를 풀어 봅시다.

※ 다음 제시문을 읽고 물음에 답하시오.

(가) 일본의 역사상 헤이안 시대가
되자 지방에서 장원을 개발한
호족들이 자신을 지키기 위해
무장을 하기 시작합니다. 이것
이 무사가 등장한 계기가 되지
요. 사무라이라고도 불리는 무
사들은 무사단을 조직하며 그
세를 불려 나갑니다.

미나모토 요리토모

　특히 미나모토 씨 무사단의
우두머리인 미나모토 요리토모는 다른 무사단과의 싸움에서 이
기고 힘을 키워 나갑니다. 또한 지방의 치안을 유지하는 대가인
'슈고'와 장원을 관리하는 대가인 '지토'를 임명하는 권한을 천
황으로부터 받아 내지요. 자신의 부하들을 슈고와 지토로 임명
한 미나모토 요리토모는 그들에게 교토나 가마쿠라를 교대로

지키거나 전쟁이 일어나면 자신과 함께 싸울 것을 약속받았습니다. 이것이 바로 일본의 봉건제라고 할 수 있지요.

(나) 서양의 봉건제는 상류 계급인 귀족이 봉토를 이용하는 대신 왕에게 일정한 의무를 지는 통치 제도입니다. 주로 군주가 기사들에게 땅을 주는 대신 봉사의 의무를 지게 하는 데서 출발하였지요. 기사들은 농민의 힘으로 땅을 경작했고, 군주들은 기사의 충성 덕분에 체제를 유지할 수 있었습니다.

1. (가)는 일본의 봉건제에 대한 내용이고, (나)는 서양의 봉건제에 대한 내용입니다. (가)와 (나)의 차이점과 공통점을 글로 써 보시오.

　왜 일본에 사무라이가 등장했을까?

※ 다음 제시문을 읽고 물음에 답하시오.

가마쿠라 막부를 연 미나모토 요리토모는 미나모토 씨 출신으로 세이와 천황의 아들을 시조로 하는 가문입니다. 또한 무로마치 막부를 연 아시카가 다카우지도 미나모토 씨에서 갈려져 나간 아시카가 씨 출신이지요. 마찬가지로 에도 막부를 연 도쿠가와 이에야스는 미나모토 씨에서 갈라져 나간 도쿠가와 씨 출신입니다.

도쿠가와 이에야스

이처럼 일본의 막부 정권을 연 사람들은 천황가의 후손입니다. 하지만 막부를 세우고 무가 정권의 우두머리를 차지했지만 이들은 천황을 그대로 두었습니다. 그리고 스스로 천황이 되려고 하지 않았지요. 천황의 존재를 인정하고 존속시켰습니다.

2. 이 글은 막부 정권과 천황가의 관계를 보여 주는 글로, 무가 정권의 우두머리들이 왜 천황이 되려고 하지 않았는지 그 이유에 대해 글로 써 보시오.

해답 1 지리적 환경이 틀리고, 역사적 배경이 틀린 만큼 동양과 서양의 봉건제는 다를 수밖에 없습니다. 자연히 일본과 유럽의 봉건제도는 차이를 보일 수밖에 없지요.

원래 봉건제란 주군, 가신, 봉토로 이루어지는 정치 제도라 할 수 있습니다. 일본에서는 가마쿠라 시대에 성립되어 에도 시대까지 이어진 제도로, 무사단의 우두머리와 무사들 사이에서 이루어지는 관계를 봉건제라는 이름으로 부를 수 있습니다. 그리고 유럽에서는 11세기 이후에 전성기를 이루다가 13세기 말부터 쇠퇴한 제도로, 군주와 기사들 사이에서 이루어지는 관계를 봉건제라 할 수 있지요.

우두머리나 군주는 땅이나 권한을 주고, 무사나 기사는 봉사를 하는 것은 공통점으로 볼 수 있습니다. 하지만 일본의 봉건제는 보통 쇼군이 통치하는 시대에 해당하며 일방적이고 예속적인 관계를 띠는 반면, 서양의 봉건제는 쌍무적이고 계약적이라는 차이점이 있습니다.

해답 2 천황은 '만물을 지배하는 황제'라는 뜻으로 일본의 역대 군주에 대한 칭호입니다. 한마디로 국왕을 가리키는 말이자, 정신적인 지주였지요. 따라서 형식상이기는 하더라도 천황을 임의로 다른 이가 차지할 수는 없는 문제였습니다.

형식상 막부의 수장인 쇼군은 천황의 신하이고, 일본 내 무사들의 최고 우두머리였습니다. 당연히 실권이 없는 천황 대신에 쇼군이 실질적인 통치를 했지요. 이렇게 이름뿐인 천황이라고 하더라도 국민들의 신뢰를 받고 있는 존재였기 때문에 함부로 존폐를 위협할 수 없었던 것입니다.

* 해답은 예시로 제시된 내용입니다.

역사공화국 세계사법정 23

왜 일본에 사무라이가 등장했을까?

© 나행주, 2012

초판 1쇄 발행   2012년 9월 13일
초판 7쇄 발행   2021년 11월 3일

지은이   나행주
그린이   조환철
펴낸이   정은영

펴낸곳   (주)자음과모음
출판등록   2001년 11월 28일 제2001-000259호
주소   10881 경기도 파주시 회동길 325-20
전화   편집부 (02) 324-2347 경영지원부 (02) 325-6047
팩스   편집부 (02) 324-2348 경영지원부 (02) 2648-1311
이메일   jamoteen@jamobook.com

ISBN 978-89-544-2423-3 (44900)

철학자가 들려주는 철학 이야기 (전 100권)

아이들의 눈높이에 맞춘 철학 동화!
책 읽는 재미와 철학 공부를 자연스럽게 연결한 놀라운 구성!

대부분의 독자들이 어렵게 느끼는 철학을 동화 형식을 이용해 읽기 쉽게 접근한 책이다. 우리의 삶과 세상, 인간관계에 대해 어려서부터 진지하게 느끼고 고민할 수 있도록, 해당 철학 사조와 철학자들의 사상을 최대한 풀어 썼다.

이 시리즈의 가장 큰 장점은 내용과 형식의 조화로, 아이들이 흔히 겪을 수 있는 일상사를 철학 이론으로 해석하고 재미있는 이야기로 담은 것이다. 또한 아이들의 눈높이에 맞는 쉽고 명쾌한 해설인 '철학 돋보기'를 덧붙였으며, 각 권마다 줄거리나 철학자의 사상을 상징적으로 표현한 삽화로 읽는 재미를 더한다. 철학 동화를 이끌어가는 주인공을 형상화하고 내용의 포인트를 상징적으로 표현한 삽화는 아이들의 눈을 즐겁게 만들어준다. 무엇보다 이 시리즈는 철학이 우리 생활 한가운데 들어와 있고, 일상이 곧 철학이라는 사실을 잘 보여준다. 무엇보다 자기 자신을 극복한다는 것, 인간을 사랑한다는 것, 진정한 인간이 된다는 것, 현실과 자기 자신을 긍정한다는 것 등의 의미를 아이들의 시선에서 풀어내고 있다.

과학공화국 법정시리즈 (전 50권)

생활 속에서 배우는 기상천외한 수학·과학 교과서!
수학과 과학을 법정에 세워 '원리'를 밝혀낸다!

이 책은 과학공화국에서 일어나는 사건들과 사건을 다루는 법정 공판을 통해 청소년들에게 과학의 재미에 흠뻑 빠져들게 할 수 있는 기회를 제공한다. 우리 생활 속에서 일어날 만한 우스꽝스럽고도 호기심을 자극하는 사건들을 통하여 청소년들이 자연스럽게 과학의 원리를 깨달으면서 동시에 학습에 대한 흥미를 가질 수 있도록 구성하였다.